JN313000

ロンドン・オリンピック紀行

オリンピックの旅に、きみも行ってみないか

本の泉社

目次

はじめに――オリンピックに手招きする〝妖怪〟がいる

ロンドン・オリンピック――。

第三十回オリンピック大会が、2012年7月27日から8月12日までの十七日間、イギリスの首都ロンドンで開催された。

ロンドンは過去最多の三度目の開催都市となり、オリンピック三十回目という節目の大会を204ヵ国・地域の参加で成功させた（表1参照）。

開催都市に与えられる《**五輪旗**》は、ロンドン市から次回のリオデジャネイロ市（ブラジル）に渡された。

日本選手団にとってロンドン大会は格別な意味を持っていた。初出場のストックホルム大会（1912年）からちょうど**百年目の節目**の大会に当たっていた。この歴史の節目を史上最多の38個のメダル獲得で飾った（表2参照）。

（表１）　第30回ロンドンオリンピックの概要

開催都市	ロンドン（イギリスの首都）
参加国・地域数	204
選手参加人数	10,931人
実施競技・種目数	26競技302種目
会期	2012年７月27日（開会式）～８月12日（閉会式）
開会宣言	女王エリザベス二世
主競技場	オリンピック・スタジアム／エクセル／ウェンブリー・スタジアム
スローガン	若い世代に夢を！
マスコット	一つ目小僧の「ウェンロック」

（表２）　ロンドンオリンピックの日本選手団（選手・役員）

競技	選手数			役員	計
	男	女	小計		
陸上競技	28	18	46	25	71
水泳	14	25	39	27	66
サッカー	18	18	36	14	50
テニス	3	0	3	2	5
ボート	2	3	5	3	8
ホッケー	0	16	16	5	21
ボクシング	4	0	4	3	7
バレーボール	2	12	14	6	20
体操	7	12	19	16	35
レスリング	9	4	13	13	26
セーリング	5	4	9	5	14
ウエイトリフティング	1	4	5	5	10
自転車	6	3	9	11	20

卓球	3	3	6	4	10
馬術	7	1	8	5	13
フェンシング	3	5	8	8	16
柔道	7	7	14	16	30
バドミントン	5	6	11	4	15
射撃	2	2	4	3	7
近代五種	1	2	3	2	5
カヌー	5	3	8	7	15
アーチェリー	3	3	6	4	10
トライアスロン	2	3	5	4	9
テコンドー	0	2	2	2	4
本部				31	31
合計	137	156	293	225	518

※水泳は競泳、飛込み、シンクロナイズドスイミングを、バレーボールは6人制バレーボール、ビーチバレーを、体操は器械体操、新体操、トランポリンを、射撃はライフル射撃とクレー射撃を含んだ数

私は、〝現地主義〟を貫いて、オリンピックたけなわのロンドンに向かった。

2004年のアテネ大会、2008年の北京大会につづいて三回連続のオリンピック観戦の旅となった。アテネ大会がちょうど六十歳、それからまる八年が経っていた。選手ならよっぽど競技寿命が長くなければ三大会連続出場などかなわない話だが、現役選手でもない私にはただただ元気な体力があり必要な旅費を確保さえすればよかった。

「ロンドンへ行こう」との思いには、歳甲斐もなく熱いものがあった。

まず、この歳まで、**〈近代スポーツの母国〉**と呼ばれているイギリスに一

度も足を踏み入れていなかったことがあった。スポーツや体育の研究者なら多くが詣《もう》でる国だけに、その怠慢に「不覚だ」との思いを永く抱き続けていた。オリンピック開催はそれを埋めるまたとない絶好のチャンスであった。

それに、ロンドン大会がオリンピックと世界に投げかけたメッセージに注目していた。掲げたスローガン《**若い世代に夢を！**》は、少し平凡ではあるが、それにはどういう意味が込められているのだろうか。一つ目小僧のマスコット《**ウェンロック**》は意味不明だが、いったい何だろうか。それをじかに探りたかった。

そんなまじめは理屈をよそに、妻や友人らは、「四年が経てば、オリンピックへの風が吹く」と、私の落ち着かない振る舞いを見透かしていた。まるで《フーテンの寅さん》だ。それも否定できないのであった。

まさにオリンピックには手招きをする〝妖怪〟がいるのである。

東京成田国際空港を出発したのが八月一日の早朝だった。すでに開会式を終えて競技たけなわの時分だった。帰国は十五日の午前、ちょうど半月のオリンピック行であった。

じかに観戦した競技は、女子サッカー／男・女のマラソン／男子トライアスロン／シンクロナイズドスイミング／陸上競技／男子レスリングだった。この歳で愛好している卓球や、地元横浜の高校出身が代表選手となったヨットなどは観られなかった。

北京に続いてロンドン大会でも最大のヒーロー、**ウサイン・ボルト**（ジャマイカ）の100mの快走も、ウィンブルドンでのテニスの決戦も、早々に観戦チケットが売り切れてしまって見ようにも見られなかった。

日本に居てテレビ観戦した方が多彩の競技は見られる。だが、〈切り取られた映像〉を一方的に受け取るのとは違って、〝ナマの観戦〟はスリリングで、沸き立つ競技場の中に身を置いているから興奮度が凄い。それに、日本以外の国々の競技水準を間近でつかむことができる。その多彩さが面白かった。

観戦の合間には、アテネでも北京でもそうだったが、ロンドンの街を精力的に歩いた。もちろんバッキンガム宮殿、大英博物館、ロンドン塔など、名だたる名所は見て回った。物見遊山でハイド・パークに遊び、テムズ川の水上バス（遊覧船）にも乗った。

地方には、西方ウェールズの港町カーディフ、中央部のシュルーズベリー、ケント州の古城に足を伸ばした。国柄を知り町を知るのは、オリンピック行に厚みを増す欠かせない楽しみでもある。

このロンドン・オリンピック行の十五日間を見聞録にまとめてみた。それに、この機会に過去のアテネと北京の二回のオリンピックでの体験のいくつかも、少し煩雑にはなったが話の関連で織り交ぜた。

ただ、個人の見聞だけではあまりにも私的すぎるので、見て、触れて、感じたことを材料にして、旅の中でも考えたことではあったが、〈オリンピックとはなにか〉、〈オリンピックはどこに課題を抱えているのか〉、〈日本選手団の活躍をどうみるのか〉などを問いかけた「オリンピック考」も試みた。そのために、見聞録には似つかわしくないやや理屈っぽい箇所もできてしまった。

この**『オリンピックの旅に、きみも行ってみないか』**を読んで、一人でも二人でも「よし、つぎのリオデジャネイロ・オリンピックに行ってみようか！」と思い立ってもらえれば、我が意を得たりである。

たとえオリンピックへ手招きする妖怪に誘惑されたとしても大丈夫。そいつはけっして人を騙《だま》すような悪い奴ではない。それなりに旅費はかかるが、それだけの収穫も、山のようなおみやげ話も背負って帰れること請け合いだ。

では、ロンドンの十五日間の見聞録のページをめくることにしよう。

旅はオリンピック・ルートで（八月一日）

■記憶の中にあるヘルシンキ大会

ロンドンまで直行便で十三時間。歳と体力を考えて、ヘルシンキで乗り継ぐフィンランド航空便にした。

ヘルシンキは第二次世界大戦後（１９４５年）の二番目の、第十五回オリンピック大会の開催都市であった。それもあって、オリンピック観戦に行くのにふさわしいルートだと思った。

１９５２年の**ヘルシンキ大会**は、日本が戦後初めてオリンピックの国際舞台に復帰した大会であった。ヘルシンキの四年前の１９４８年、戦後最初の**ロンドン大会**のときは、第二次世界大戦の〈戦争責任〉が問われて、日本には国際オリンピック委員会（ＩＯＣ）からの招待状は届かなかった（表３参照）。

（表３）　第14回ロンドン大会と第15回ヘルシンキ大会の概要

項目	第14回大会	第15回大会
開催都市	ロンドン（イギリス）	ヘルシンキ（フィンランド）
参加国・地域数	59	69
参加選手数	4,064人	5,429人
競技・種目数	19競技151種目	18競技149種目
会期	1948年７月29日～８月14日	1952年７月19日～８月３日
開会宣言	ジョージ国王	ユホ・クスティ・バーシキヴィ大統領
主競技場	ウェンブリー・スタジアム	ヘルシンキ・オリンピックスタジアム

（表４）　古橋広之進が樹立した世界記録

年	400m	800m	1500m
1947年	４分38秒４（非公認）		
1948年８月	４分33秒４（非公認）		18分37秒０（非公認）
1948年９月	４分33秒０（非公認）	９分41秒０（非公認）	
1949年８月	４分33秒３	９分33秒５	18分19秒０

※（非公認）は国際水泳連盟に復帰前に樹立した記録

当時、私はまだ八歳だった。それでも、ヘルシンキ大会の一場面を鮮明に覚えている。

「**フジヤマのトビウオ**」と呼ばれた古橋広之進の活躍を期待して、深夜、ラジオの実況放送にかじりついて、兄と一緒に聴いた。

だが、アメーバ病菌に冒されていた古橋は調子を落とし、４００m自由形で８位の最下位と沈んだ。戦後の荒廃した社会で、泳ぐたびに世界記録を塗り替えて人びとを勇気づけた古橋――その国民的英雄の惨敗を悔しがった（表４参照）。

レースを担当した実況アナウ

ンサーは、涙声でこう叫んだ。

「日本の皆さん、どうか古橋を責めないでやって下さい。古橋の活躍なくして戦後の日本の発展は有り得なかったのであります。古橋に有難うを言ってあげて下さい。」

この時のヘルシンキ大会の一番のヒーローはエミール・ザトペック（チェコスロバキア＝当時）※であった。ザトペックは陸上競技５０００ｍ、１万ｍ、マラソンの長距離三冠を達成、前人未到の活躍だった。

心臓をかきむしるようなザトペックの独特の走法は「**人間機関車**」と比喩され、当時の子どもたちはよく彼の格好を真似て走ったものだった。彼が練習で試みたインターバル走法は、のちに長距離走の科学的なトレーニング方法として注目された。

その後のザトペックは、東京オリンピック（１９６４年）で観衆を魅了して〝体操の名花〟と呼ばれたベラ・チャスラフスカ※らとともに『二千語宣言』に署名し、１９６８年に起こったチェコの民主化運動に加わった。それは《プラハの春》と呼ばれたが、ソ連軍の武力占領でつぶされ、二人とも処分された。のちに名誉回復を果たしザトペックだったが、失意のうちにひっそりと晩年を過ごした。

※エミール・ザトペック：チェコスロバキア（当時）の陸上競技長距離選手。１９２２年9月19日～２０００年11月22日。ロンドンオリンピックで１００００ｍ、ヘルシンキオリンピックで５０００ｍ、

10000m、マラソンの三冠達成。走法から「人間機関車」と呼ばれた。

※ベラ・チャスラフスカ：チェコスロバキア（当時）の出身の体操選手。1942年5月3日〜。1964年の東京オリンピックで個人総合、平均台、跳馬で金メダル、次のメキシコオリンピックで個人総合、跳馬、段違い平行棒、ゆかで金メダル獲得。優美な演技は「オリンピックの名花」と称賛された。

国際舞台に復帰した日本は、レスリング、体操で大健闘し、金1、銀6、銅2を獲得、1936年のベルリン・オリンピック以来のブランクを埋めた。一方、戦前ではお家芸であった陸上競技の三段跳びや棒高跳びは不振をかこち、競泳も橋爪四郎の400m自由形の銀メダルが最高で、戦後スポーツの苦難の過程が始まった。

いまからちょうど六十年前のオリンピックの舞台がヘルシンキであった。ヘルシンキ空港での乗り継ぎ時間はわずか四十分ばかり。空港内を移動するだけだ。それでも、上空からであっても森と湖に囲まれているというフィンランドを、その首都ヘルシンキを、一度は見ておきたかった。

■レガシーとしての映画『炎のランナー』

あきれ果てるほど広大なシベリアの大地。機内での時間は二度の間食があるだけで、あとは変化のない長い退屈な時間が続く。

退屈しのぎに、座席に据え付けられてあったポータブル・テレビのチャンネルを回してみた。おや、なんだ？　画像に見覚えがある。ひょっとしたら……。

思ったとおりだった。映画『炎のランナー』が流れているのである。「オォ！　―さすが、オリンピックを開催した国の飛行機はこうでなくちゃ！」。その気の利かせようが嬉しかった。

『炎のランナー』（原題：Chariots of Fire、監督：ヒュー・ハドソン）。1924年のパリ・オリンピックをめざす二人のイギリス青年の陸上競技への誇りと葛藤を追った映画である。1981年に公開された。

スポーツ映画としては時代考証に優れ、シンセサイザーの主題曲がざん新で素敵だった。第五十四回アカデミー賞作品賞を受賞した秀作である。日本で上映されると、私はすっかりこの映画の虜《とりこ》になってしまい、5回も6回も映画館をはしごして観て回った。ビデオも買ってすり切れるほど見た。

映画は〈なぜ、スポーツをするのか〉を問いかけた。さらに、〈どうしてユダヤ人は蔑《さげす》まれるのか〉、〈安息日にスポーツをしてはならないのはなぜか〉を投げかけた。スポーツ映画であり、かつ、それを超えていた。

以前、ある母親から「子どもにスポーツものの劇映画を見せたい」との希望があり、いくつか紹介した。

『長距離ランナーの孤独』（The Loneliness of the Long Distance Runner）。1962年制作のイギリス映画。貧しい少年コリンは、パン屋に強盗に入って捕まり、感化院に送られる。そこで足の速さを見込まれたコリンは、長距離ランナー選手として院長から厳しいトレーニングを受けるが、レースのゴール前で抵抗を見せる。

『ロンリー・ウエイ』 原作は「Running Brave」。ドナルド・エヴェレット監督のアメリカ映画。1983年公開。東京大会（1964年）の陸上競技1万mで、驚異のラストスパートをかけて優勝したビリー・ミルズ選手（アメリカ）、インデアンの血をひく彼の栄光と孤独感を描いた話題作。

『瀬戸内少年野球団』 阿久悠の小説を映画化。1984年公開。戦後の淡路島が舞台で、ボールを通じた少年・少女の友愛、女教師と傷痍軍人の人間模様、進駐軍との交流を描いた。

『シコふんじゃった』 周防正行監督作品。1992年に公開。廃部寸前の大学の相撲部を単位ほしさの学生、女子学生、外国人学生などが奮闘して守る様子をコメディ・タッチで描いた。女性が土俵でシコを踏むというタブーへの挑戦も大胆だ。

『ウォーターボーイズ』 矢口史靖監督作品。2001年に公開。男子高校生たちが、シンクロナイズドスイミングに挑む青春活劇。モデルは男子校で埼玉県立川越高校の水泳部で、実際に1988年から文化祭の演目として行っているシンクロ公演である。

だが、私のイチオシ（一押し）はなんと言っても『炎のランナー』だ。映画の完成度が断然違う。少々難解な内容だが、親子で「スポーツ」について対話するのには格好な教材だからと推薦した。

この映画の主題曲が、今回のロンドン大会の開会式（七月二十七日）で使われ、スタジアムに軽快に流れた。喜劇俳優のミスター・ビーン氏がステージでピアノのキーを叩き、映画のシーンに飛び入りして、拍手喝采を浴びていた。

《レガシー：egacy》という言葉がある。オリンピックの遺産を大切に継承するという意味で、競技場などの物的遺産とともに映画などの知的遺産も入る。『炎のランナー』は間違いなくオリンピックが生んだ《レガシー》だと言える。

■肌で「イギリス」を感じてこよう

出発間際に、空港内の書店で「イギリスもの」の小本を手当たりしだいに買い込んだ。正直なところイギリスもロンドンもあまりにも知らないのだ。その不安からだった。

政治・歴史物：『チャーチルの亡霊』／『女王、エリザベスの治世』／『イギリス帝国の歴史』
小説・論評物：『イギリス民話集』／『りんごの木』／『シェイクスピア物語』（上・下）／『ガリバー旅行記』／『イングランド紀行』／『ユートピア』／『動物農場』
ガイド・ブック：『地球の歩き方・ロンドン』／同『イギリス』

脈絡も系統性もなかった。事前に調べ、読んでおけばよいものを……。いつもの怠けぐせからだ。多分、重たい荷物で終わるに決まっている。それでも、少しは慰めやおまじないにはなるかもしれない。

その中から、『**シェイクスピア物語**』をめくった。シェイクスピアの戯曲二十編を、ラム姉弟が子ども向けの物語にやさしく改作したものである。

「へェ〜」と目が止まったのが、『お気にめすまま』の中で描写されたレスリングの試合の模様である。時代は十六世紀、舞台はイギリスのアーデンの森の宮殿。つぎのようなくだりがあった。

〈レスリングは、いまでは地方の田舎者がするだけですが、当時は、公国の宮殿においてさえ、貴婦人や王侯も見物する人気のあるスポーツでした。〉

中世の時代にレスラーがいて、宮殿などで興行を張り、けっこう人気だったという。ちょうどわが国の江戸時代での寺社や大名お抱えの勧進相撲（ジャパニズ・レスリング）の興行に似ている。力比べや腕自慢のレスリングの興行、その東西のルーツの共通性がおもしろい。

シェイクスピアの作品には「スポーツ」を扱ったものが少なくない。たとえば、『ハムレット』ではフェンシングの試合（決闘）場面がクライマックスを飾る。一度、機会を見つけて原本に当たって《シェイクスピアとその時代のスポーツ》をまとめてみたいものだ。

ところで、〈スポーツの母国〉として知られるイギリスだが、いったいどれぐらいこの国のスポーツとスポーツ事情を知っているのだろうか？　持て余す時間のなかで指を折って挙げてみた。

一つ。イギリス産のオリンピック競技は、陸上競技も、競泳も、サッカーも、ボートも、テニスも、ゴルフも、ボクシングも、バドミントンも、卓球もそうだ。

二つ。今度のロンドン大会からは女子ボクシングが加わった。ゴルフとラグビーの7人制も次回のリオデジャネイロ大会（ブラジル）から実施される。これもイギリス発信だ。

三つ。ロンドンを流れるテムズ川では、十九世紀の半ばに始まったヘンリー・レガッタ――オックスフォード対ケンブリッジ（オックスブリッジ）の両大学対抗のボート競争――が、毎年春に開催されている。

四つ。1877年から135年の歴史を誇るウィンブルドンの全英テニス選手権（全英オープン）は、この七月に終わったばかりだ。

五つ。イギリス中部の都市マンチェスターを二分し、「ユナイテッド」と「シティ」が対抗意識を燃やすプロサッカーのプレミア・リーグは過熱気味だ。

六つ。ラグビーではナショナリズムを掻き立てる5カ国対抗（ウェールズ、イングランド、スコットランド、アイルランド、フランス）、6カ国対抗（これにイタリアを加える）で燃え上がる。

……こんな程度にしか知らない。知っている中身も浅い。その〈スポーツの母国〉にいきなり足を踏み入れ、飛び込む。ともかく、イギリスとスポーツとオリンピックとを肌で感じてこよう。

■百年前、たった二人の日本選手が向かった

眼下はまだロシアの原野と北極海の沿岸。沈みかける太陽を追いかけながらひたすら西へ西へとフライトは続く。私の瞑想も続く。

ちょうど百年前の1912年に、日本の二人のオリンピック選手がシベリア鉄道を旅した。陸上競技短距離の三島弥彦とマラソンの金栗四三である。二人は大学生だった。日本のオリン

（表５）　第５回オリンピック・ストックホルム大会の概要

開催都市	ストックホルム（スウェーデン）
参加国・地域数	28
参加選手数	2,437人（内、日本選手２人）
競技・種目数	15競技102種目
会期	1912年５月５日～７月27日
開会宣言	グスタフ５世
主競技場	ストックホルム・スタディオン

ピック初参加となった第五回大会の開催都市、**ストックホルム**（スウェーデン）へ向かった（表5参照）。

前年にオリンピックの国内予選が羽田沖に新設された競技場で催された。日本人最初の国際オリンピック委員会（ＩＯＣ）の委員、嘉納治五郎※が挙行した。

※**嘉納治五郎**（かのう・じごろう）：１８６０年12月９日（万延元年10月28日）～１９３８年（昭和13）５月４日。兵庫県神戸市出身。柔術を柔道に発展させ講道館を創設。日本最初の国際オリンピック委員会（ＩＯＣ）委員に任命され、日本のオリンピック参加に貢献。日本における「柔道の父」「日本の体育の父」と呼ばれている。

予選会の参加資格は《**学生たり紳士たるに恥じざる者**》に限定された。脚自慢の人力車夫、郵便や新聞配達人などの労働者が排除された。

この参加資格の規定は、イギリスの〈**アマチュアリズム**〉に範を取っていた。つまり、競技者はスポーツを余暇で楽しみ、報酬を得ないアマチュア（素人）であることとされた。そういう身分でスポーツに親しめるのは、当時はブルジョアジーの子弟か一部の富裕者に限られていた。そのため、実際には労働者やプロを排除する差別規定となった。

二人の選手はウラジオストクからシベリア鉄道に乗った。チタ――ハルピン――イルクーツク――モスクワ――サンクト・ペテルブルグまで行き、そこから船でストックホルムに入った。五月十六日に東京・新橋を離れてから十五日間を要した。

団長は嘉納治五郎＝大日本体育協会会長、監督は大森兵衛＝同協会専務理事、そして代表選手二人。七月六日の開会式で、四人はそろって堂々と、『ＮＩＰＰＯＮ』のプラカードを掲げて、オリンピック初の入場行進をおこなった。

白夜の国で日本のスポーツ界は国際舞台にデビュー、歴史的な一歩を刻んだのであった。

しかし、世界の壁は厚く、二人が出場した競技の成績は散々だった。

○短距離の三島は１００ｍ、２００ｍで予選落ち、４００ｍで準決勝まで進出したが、筋肉が張って棄権した。

○マラソンの金栗は食欲不振と睡眠不足に悩まされ、暑さもあって18㎞地点でへたりこんでしまった。

それでも団長・嘉納治五郎の心意気は高かった。

「……だが、われわれは希望を捨ててはいない。たとえ何年、何十年かかろうとも、国際レベルへ追いつくための努力をつづける必要がある。」

〝黎明の獅子〟たちは世界の水準の高さを目の当たりに見て一念発起する。金栗四三※は生涯を通じて陸上競技・マラソンの指導に努めた。彼が在籍した東京高等師範学校（のちの東京教育大学の前身）の陸上競技部へ、半世紀後に私は所属した。いまでも郷里の熊本では「金栗杯玉名ハーフマラソン」が催されている。

※金栗四三（かなぐり・しそう）：1891年（明治24）8月20日～1983年（昭和58）11月13日。熊本県玉名出身。オリンピック日本選手1号の一人。箱根駅伝の開催に尽力、日本に高地トレーニンを初めて取り入れるなど、日本における「マラソンの父」と称される。

当時の学生たちは欧米のスポーツ書を取り寄せ、翻訳し、スポーツの先進から学びながら、トレーニングに励んだ。その勤勉な努力によってオリンピックでのメダル獲得は、予想以上に早かった。

参加二度目――第六回大会は第一次世界大戦で中止――の第七回大会（アントワープ＝ベルギー、1920年）で、ローン・テニスのシングルスで熊谷一弥が銀、熊谷と柏尾誠一郎が組んだダブルスで銀を獲得した。初参加から八年目だった。そのあとを陸上競技と競泳が追った。

あれから百年目の今回、ロンドン大会の日本選手団は293人にのぼる。この歴史の節目に、先輩たちの志と奮闘はどう受け継げられ、どう発揮されるだろうか。

■あまりに静かすぎるヒースロー空港

ヘルシンキ空港で乗り換えた飛行機は、バルト海と北海をひとまたぎして、八月一日の夕刻、ロンドン・ヒースロー空港に降りた。現地時間、午後5時半であった。ロンドン駐在の友人D氏が仕事の合間をぬって出迎えてくれた。三年も滞在するイギリスの事情通だ。これからいろいろとお世話になるであろう。

空港の構内を歩きながら、周囲を見渡して「はてっ?」と思った。オリンピック真っ最中のムードがまったく感じられないのである。世界中から観戦客がやって来るというのに、一つ目小僧の《ウェンロック》のぬいぐるみも歓迎の姿を見せない。華やかさがなく、暗い構内が一段と暗く沈んで見える。

四年前の北京では、空港から地下鉄に移動するコンコースに、〈歓迎　オリンピック〉〈2008　北京〉の横断幕や垂れ幕が掛かり、のぼり旗が林立していた。それに、「ニイハオ」とボランティアの若者たちがいたるところで声を掛けてくれた。が……、それがない。

せっかく機内で映画を見て、イギリスものの本を読み、瞑想にもふけって、すっかりオリンピック・モードになって入国したというのに、肩すかしを食らったみたいだった。

「静かだね……」、

「こんなもんですよ。オリンピック一色にはならない国柄ですから」。

オリンピックは女王の戴冠式のような国家行事ではない、とD氏は言うのだ。オリンピックとあらば国を挙げる日本とは違う。すっかりスポーツが定着している国だからか？　それとも、オリンピック開催は3回目、特別な意味合いが薄れているのか？

ただ、言われてみれば、たしかに国家行事ではないな〜、と心当たりがないわけでもなかった。

かつて、イギリスのスポーツ界は、1980年のモスクワ・オリンピックでのボイコット騒動では、時のサッチャー政府によるボイコット強要の圧力に屈しなかった。自立の精神を堅持して街頭で選手団派遣の募金を呼びかけて参加した。私にはこの強い意志と心意気がうらやましく、ボイコット強要に負けた日本とは対照的に映ったのだった。

今回のロンドン大会組織委員長は、その時、「政治はスポーツに口出しするな」と頑張った選手の一人、**セバスチャン・コー氏**※である。コーは陸上競技の中距離ランナー、1980年のモスクワと1984年のロサンゼルスの両大会で1500mで金、800mで銀を獲得した。だから、コー氏の信条として政治がらみの〈上からの歓迎〉は控えたのかもしれない。

※セバスチャン・コー：イギリスのマイル・ランナー。1956年9月29日〜。1980年代に活躍し、

モスクワオリンピック（1980年）とロサンゼルスオリンピック（1984年）の1500mで金、800mで銀メダルを獲得。引退後、保守党の国会議員として政界に入り、〝サー〟の称号を得た。今回のロンドンオリンピックでは大会組織委員会委員長。

国の支援とオリンピックの開催――その形態はそれぞれだが、あくまでもスポーツの祭典、主導は大会組織委員会にあって、国家ではない。主客を転倒してはならない。ロンドンの玄関口の第一印象からまず感じたことであった。

ただ少しは《オリンピック》の気配があっても良さそうなものだが……。これも日本人だから抱く感情だろうか？

宿舎はロンドンの東北方面の郊外**ブレット・ウッド**にあった。オリンピック公園のあるスタッドフード駅まで列車で二十五分ほど、まずまずの便利さである。

すでに半月前に先乗りして、開会式前からオリンピック取材に駆けめぐっている二人の仲間、I氏とK氏が待っていた。二人とはアテネでも北京でも一緒だった。

彼らは日焼けして、いたって元気だった。「日本ほど暑くないですから、助かっています」（I氏）。

これからロンドンでのオリンピック観戦の生活が始まる。荷を解き、一息つきながら明日からの観戦行に思いを馳せた。

「若い世代に夢」を託して（八月二日）

■それぞれの八月の空の下で

日本との時差は8時間。ロンドン最初の朝の目覚めはスキッとして、時差ボケは感じなかった。空気は少し冷気を含んでいて、キュッと血管の萎縮をおぼえた。日本の初秋に近い気候だ。

同じ八月の空でも、アテネも北京もそれぞれに違いがあった。

〈アテネの空〉　雲を忘れたようにどこまでも青かった。太陽の光は目に刺さるように強烈であった。石造りの白い町並みと青い空とのコントラスト、ただ、日差しを避ける木陰がないのには閉口した。あかね色に染まる夕空も幻想的であった。

〈北京の空〉　いつもどんよりと曇っていて、青空を見なかった。時折、雷鳴がとどろき、雨をしのぐ軒端《のきば》をあわてて探した。温室の中にでも居るようなムッとした暑さに、ジワリと汗ばんだ。空気に甘酢のような臭が薄らと絡んでいて、時折、鼻をつくのが気になった。

〈ロンドンの空〉 一日の天候が変わりやすいと聞いた。朝は晴れていても、たちまち雲がかかり、驟雨《しゅうう》にみまわれることもあるという。傘をステッキ代わりにして歩くロンドンっ子のスタイルは、この天候から生まれたのであろう。

暑さざかりにオリンピック――。なぜ、スポーツをやるのにふさわしくもない時節にわざわざオリンピックを開催するのか？ 開催都市の最もスポーツに適した気候に合わせて実施すればよいではないか。

オリンピックの開催月と会期を調べてみた（表6参照）。すると、初期の大会の会期はばらけていたのだった。それがしだいに七月と八月に集中し、固定されるようになっていった。そうなったのにはいくつか理由があった。

（理由）①冬季オリンピックとの関係で、開催月を夏と冬とにすみ分けが必要となった。
②サッカーのプロリーグの開催シーズンをはずす必要に迫られた。
③ヨーロッパのバカンスの時期が、もっともスタッフやボランティアが確保でき、観戦客も集めやすい。
④テレビの放映で、この夏季シーズンが番組編成で融通が利く。

（表６）　これまで30回の夏季オリンピックの開催月と会期

開催月（回）	開催都市（回数、会期）
4月　（2）	アテネ（第1回、4・6〜15）／アントワープ（第7回、4・20〜9・12）
5月　（3）	パリ（第2回、5・20〜10・28）／ストックホルム（第5回、5・5〜7・22）／パリ（第6回、5・5〜7・27）
7月　（11）	セントルイス（第3回、7・1〜11・23）／アムステルダム（第9回、7・28〜8・12）／ロサンゼルス（第10回、7・30〜8・14）／ロンドン（第14回、7・29〜8・14）／ヘルシンキ（第15回、7・19〜8・3）／モントリオール（第21回、7・17〜8・1）／モスクワ（第22回、7・19〜8・3）／ロサンゼルス（第23回、7・28〜8・12）／バルセロナ（第25回、7・25〜8・9）／アトランタ（第26回、7・19〜8・4）／ロンドン（第30回、7・27〜8・12）
8月　（6）	ロンドン（第4回、8・7〜10・31）／ベルリン（第11回、8・1〜8・10）／ローマ（第17回、8・25〜9・11）／ミュンヘン（第20回、8・26〜9・11）／アテネ（第28回、8・13〜8・29）／北京（第29回、8・8〜8・24）
9月　（2）	ソウル（第24回、9・17〜10・2）／シドニー（第27回、9・15〜10・1）
10月　（2）	**東京（第18回、10・10〜10・24）**／メキシコ（第19回、10・12〜10・27）
11月　（1）	メルボルン（第16回、11・22〜12・8）

※9月のシドニー大会と11月のメルボルン大会は南半球。

オリンピックの会期が夏間になって、選手は酷暑のなかで過酷な条件を強いられることになっていった。

昼間は暑いからと、選手のコンディションを度外視して早朝からレースや試合が組み込まれる。マラソン・ランナーは40度の灼熱の中を走り、脱水症状に苦しむ。サッカーのプレーヤーはシーズン・オフの休養も取れず、体を酷使させられる。テレビの視聴が優先され、真夜中の競技が強行される。

これは人権問題にならないだろうか！

開催都市の最適な季節にオリンピックを――競技者の思いだ。もっとオリンピックの会期は柔軟であってもよいのではないか。たとえば、日本の一番快適な季節であり、〈スポーツの秋〉といわれる十月に、1964年の東京オリンピックは開催されたではないか。

いまや冬季オリンピックは1994年のアルベールビル大会（フランス）以降、夏季大会から分離・独立して開催されている。**オリンピアード**――4年単位のギリシャ暦歴――の《中間年》に開催されるようになった。だから、なにも暑さざかりの開催にこだわる理由はなくなってきているではないか。

涼しいとはいえ、ロンドンの夏。空を仰ぎ見ながら、《選手にやさしいオリンピック》に思いをむけた。

■川面に映るオリンピック色

昼前に宿舎を出て、イソイソ、ワクワクしながらロンドンの街へと向かった。早くロンドンを知り、街の雰囲気に馴染み、土地勘・距離感を養いたいとの思いからだった。

リュックサックには寒暖の変化に対応できる上下のトレーニング・ウエアと、雨よけのポンチョを詰め込んだ。先乗りした仲間のアドバイスだった。

それに飲料水と／補助食用のビスケットと／飴と／バナナもしのばせた。一人旅には補食は欠かせない。道に迷うこともあれば、手軽な食事処が見つからない場合もある。北京では飲料水の事情があまりにも悪かった。

初めての外国の都市に脚を踏み入れる〈最初の一歩〉は、勇気と覚悟が必要だ。

まず、国鉄列車の切符を窓口で買う。必ず、〈ワン・ウエイ（片道）か〉、〈リターン（往復）か〉、〈リターンならいつ帰るのか〉とか聞かれる。どうやら帰り時間によって運賃が違う差額料金らしい。

駅員の流ちょうな英語の問いかけも最初は戸惑う。英語の本場だからこちらのブロウクンの英語はかえって通じない。ただ、切符の購入パターンとして呑みこめばそれほど厄介なことではない。駅員もていねいに教えてくれる。

リバプール・ストリート駅から地下鉄に乗り換えた。「**Oyster card**（**オイスター・カード**）」を購入して乗降する。「**Oyster**」とは魚介の「かき」のことだが、どうしてカードの名称が「オイスター」なのか、語の由来も関係も分からない。

カード購入の自動券売機に「日本語」対応があって、助かった！ 自動券売機や**Oyster**・

cardの仕組みとか使用方法は、少し日本とは違うが、東京や横浜の鉄道のシステムに慣れていれば、さほど困ることはない。発達した都市文明のシステムには類似性があるから、混迷することもない。

北京では地下鉄を乗り降りするたびに手荷物検査と身体チェックをされた。危険物を持ってもいないのに監視されるのは嫌なものだ。乗客の中にはそれを拒否してトラブルが絶えなかった。

ロンドンではそのチェックがなかった。政治・社会情況の違いもあろうが、市民のプライバシー感覚が許さなかったのだろう。

警備とボディ・チェック。オリンピックにまとわりつく〈**必要悪**〉だ。人と人とがスポーツの交流を通じて理解を深め、連帯しあうのがオリンピックだというのに、人を疑い、警戒することを余儀なくさせる。オリンピックにはもっとも似合わない光景、困ったものだ。

それでも、オリンピックは現実の社会と政治に向き合いながら、〈平和〉のうちに開催されなければならない。この呪縛が解かれるのはいつになるのであろうか……。

思い切ってオリンピックの側から、〈過剰な警備は必要ない。我われ人間の連帯で安全は確保できる〉と強く言えないものだろうか。

ロンドンの地下鉄ラインは十三、東京同様に首都の地下はアリの巣状態である。ただ、東西南北に伸びる国鉄のターミナル駅に、いずれかのラインが連絡しているから便がよい。

地下鉄は古く、駅構内は暗く、電車はギシギシと金属音を軋ませながら走っている。車両は狭く、けっこうな混みようである。ちょうど車両幅の狭い地下鉄大江戸線のようだが、それほどきれいな車両ではない。

地下鉄のウェストミンスター駅で降りた。人の流れに沿って暗い地下道を抜けると、パッと視界が広がった。そこはテムズ川の河畔だった。

高さ95mの大時計塔ビッグ・ベン／ゴシック仕立ての国会議事堂（ウェストミンスター宮殿）／ウェストミンスター寺院の尖塔。

写真やテレビでしか見なかった名所が、いきなり眼前に迫って建っている。見上げながら「ロンドンに来た！」との実感が込みあがってきた。この一帯がイギリスの政治のど真ん中だと聞く。

ウェストミンスター・ブリッジの欄干《らんかん》に身をあずけて、テムズの川面を眺めた。

川幅は広く、水量は豊かで、流れはけっこう速い。水はどんよりと濁っている。いくつかの橋が架かり、大観覧車ロンドン・アイがゆっくりと回転し、水上バス（遊覧船）がひっきりなしに行き交う。

〈ここからの眺めほど、美しきもの、この世にあるまじ〉（ワーズワース＝十九世紀前半に活

躍したイギリスのロマン派詩人）

川面にはいつもの観光風景に加えて、オリンピック色が映えていた。赤い楓《かえで》をデザインしたTシャツ姿はカナダ人。黄色いジャージ姿はオーストラリア人。星条旗で背中を被って気勢をあげているアメリカ人。赤い小旗を振りながら自信ありげに歩いている中国の応援団。……日本人の顔はあまり見かけなかった。

山高の黒いヘルメット姿の警察官の周りには、一緒に写真に収まろうとする観光客がいっぱいだった。「ロンドン市警察」は街のガイドも一役かって出ている様子だ。

テムズ川はたしかにオリンピックを運んできている。ちょっと安心感をおぼえた。

■先生はがっくり肩を落としていた

四時半にヴィクトリア駅のコンコースで、一人の日本人女性と待ち合わせることになっていた。仕事仲間のT氏の妹、Gさんである。

Gさんは長くロンドンに在住していた。「何かと相談に乗ってくれるだろうから」と兄T氏が連絡を取ってくれていた。

見知らぬ外国に出かけて行って、異国の地に知り合いがいることほど心強いものはない。

○アテネ大会では、ギリシャ人と結婚している日本女性の家族に大変お世話になった。ちょうど空家になっていたアパートを貸してもらったうえに、ご主人には通訳と旅行のガイドまでしてもらった。

○北京大会では、新聞社の北京支局に勤務する中国人がいろいろと協力してくれた。「外国人滞在届け」を宿泊所近くの警察署に届け出なければならない決まりがあり、その面倒くさい手続きをやってくれるなど、おかげで不便なく滞在できた。

ヴィクトリア駅——東部方面への国鉄列車のターミナル駅である。通勤やショッピング、家族連れの旅行客、帰郷する人びとでたえずごった返している。ちょっと下町っちぽくて、庶民臭が漂う構内だ。東京なら上野駅界隈の雰囲気に似ている。

周辺の道路をロンドン名物の二階立ての赤いバス、「**ダブル・デッカー**」が走っている。観光用だけかと思っていたら、「路面バスも二階立てです」と情報通のD氏が教えてくれた。

てんとう虫にも似たクラッシクな型の黒塗りタクシーは、「**ブラックキャップ**」。客を拾いにロータリーをぐるぐる回っている。

時折、シュルシュルとキリ揉むような音をたててパトカーが猛スピードで通る。ロンドンは事故や事件が多いのだろうか？　なにせ、多民族が住み、貧富の差が大きく、マフィアもいるという都市だ。

一般乗用車が少ない。あまり道路が渋滞していない。「都心に入るには通行税を取られるからなんです」（D氏）。都心部の交通混雑緩和と排気ガス規制による措置だと聞いた。日本ではなかなかそこまではできない。（後でイギリス人の生活史の本を読んでいたら、近世の時代から馬車などでロンドンに入るには税金を徴収されたとあり、交通税には歴史があった。）

駅のコンコースの一角に「**ミーティング・ポイント**」とプレートに表示した待ち合わせ場所があった。なるほど、待ち合わせをするのに「ミーティング・ポイントで」と約束すれば分かり良い。きっと〝おのぼりさん〟が多いのであろう。

そこのベンチに私と同年代ほどの日本人の夫婦が座っていた。だが……、二人はなんだかしょんぼりしている。声を掛けてみた。

「どうしたのですか?」、

「いやぁ～、穴井があっけなく負けてしまったんですよ」。

夫妻は九州の大分からはるばる出て来ていた。そして、ご主人は男子柔道100kg級の代表、穴井隆将の中学時代の担任だと言う。私も九州出身、すぐに気心が通じ合った。

それで二人が気落ちしていたわけが分かった。メダル候補の穴井は2回戦であっけなく敗退していた。

「穴井がオリンピックに出ると連絡をくれたんで、楽しみにしてきたのですが……。みなさんに申し訳ない。」

気の毒に思えた。なにも、私なんかに詫びることもないのに……。律儀な人だった。

しかし、不成績は穴井ばかりではなかった。日本柔道はロンドン大会で不振に喘《あえ》いでいた。メダル有力の選手たちが相次いで敗退、ここまで金メダルは女子57kg級の松本薫だけ、男子は金メダルに届いていない。どこかおかしいのだ。

穴井選手の敗戦の弁がやさしかった。

「子供の頃抱いたオリンピックに出場し、金メダルを目指しながら努力してきたことは無駄ではなかったと思います。金メダルの夢は達成されなかったものの、出場するまで応援、支援してくださった皆様に感謝の気持ちを伝えたいと思います。」

そのコメントを聞いていたのか、先生は「あの子は気持ちのやさしい子だった。それが勝負の世界ではアダとなったのかもなぁ～」としみじみと語った。

まぁ～、そうかもしれない。勝負士という面では「やさしさ」はときには弱点になるだろう。だが、人への感謝の気持ちを失わない穴井に、私は好感をおぼえていた。いまどき、「やさしい」選手が珍しいと思えたからだ。

同時に、教え子の行く末を一喜一憂しながらいつまでも見守っている《先生》という存在の大きさを感じたのであった。穴井はいい先生に出会えたと思った。

「ミーティング・ポイント」で、妹Gさんと時間通りに会えた。まさに〈出会いの広場〉である。

■開会式がイギリスの若者の意識を変えた

Gさんは仕事を終えて駆けつけてくれた。第一印象でテキパキと仕事をこなせるタイプの女性だと思った。

近くのコーヒー店に入って、初対面の挨拶をしあった。お兄さんの近況と活躍ぶりを伝えると、妹さんは安心した表情をみせた。

さっそく私のロンドンでの行動予定を見せて相談した。あそこにも行ってみたい／ここも見物してみたい。「可能ですかね……?」と問うと、「オリンピックを観戦しながらの二週間では欲張ったスケジュールですよ」と笑われた。

ひと段落着いて、「これからロンドン・ブリッジを案内しましょう」とGさんが誘ってくれた。ロンドン・ブリッジは、日本でも〈ロンドン橋、落ちた、落ちた♪〉の童謡でなじみのあるあの橋だ（表7参照）。旅立つ時に購入した『イギリス民話集』のなかに、こんな語り言葉で始まる民話もある。

（表７）　イギリスの民謡で日本でも親しまれている楽曲

アメイジュング・グレイス	賛美歌。「グレイス」は「神の恵み」の意味。
大きな栗の木の下で	イギリスの民謡を元にした童謡。
故郷の空	スコットランド民謡。原曲は「ライ麦畑で出逢うとき」。
ダニー・ボーイ	「ロンドンデリーの歌」。アイルランド民謡。
ハンプティ・ダンプティ	マザーグースの童謡に登場する擬人化された卵の詩。
マイ・ボニー	スコットランド民謡。ビートルズやスリーファンキーズが歌った。
６ペンスの唄	マザーグースの童謡。原題は「Sing a song of sixpence」。
ロンドンデリーの歌	アイルランド民謡。様々な歌詞で歌われている。
ロンド橋落ちた	イングランドの童謡。「ロンドン橋」とも。

〈今はずっとむかし、まだロンドン橋の上に端から端までずらりと店が並び、橋桁の下を鮭（サケ）が泳いでいたころのこと、ノーフォーク州のスワファムに一人の貧しい行商人が住んでいた。〉（「スワファムの行商人」）

ロンドン・ブリッジから望むテムズ川の下流には、特大の《五輪》が架かるタワー・ブリッジ、その横に幽玄なロンドン塔がある。対岸の高台には、世界の金融市場を動かす「City＝シティ」のモダンな高層ビルが立ち並ぶ。

「『シティ』は、いまロンドンで一番活気のあるエリアです。しかもその街づくりが素敵です。古さと新しさがマッチングしていているんですよ。」

レストランに入り、夕食を取りながら歓談した。

Gさんは若い時分にロンドンに来て、必死に仕事をし、そのうちにイギリス人と結婚、二人の娘さんを育てた。

「日本で勤めていたのですが、若い女性の居場所がありませんでした。それで、思い切って日本を飛び出して、居場所探しでロンドンに来たんです。」

いったいロンドン市民、イギリス人のオリンピックへの関心や反応はどうなのか？　一番聞きたかったことだった。Gさんは市民の反応をきわめて冷静に、分析的に話してくれた。

〈オリンピックの開幕までは、冷めてみており、関心も低かった。長引いている経済不況、就職難が深刻で、オリンピックを歓迎するゆとりがなかった。〉

〈それが、開会式を見た途端に、ガラリと変わった。イギリス社会の光と影を多面的に描き、〝マザーランド（祖国の島）〟への思いを詩情豊かに綴った演出が、市民の気分にピタリと合った。「オォ〜ッ」という歓声があがった。そこからオリンピックへの人気が一気に上がった。〉

〈開会直後は、競技場がガラガラだったが、いまは大部解消された。逆に、「観戦チケットが高すぎる」との不満の声が出てきている。私も買えない。若い世代は就職もなく、住宅も持てない経済生活では、オリンピックも見られない。〉

話を聞きながら、栄光のイギリスはいまや昔、閉塞感が漂い、若い世代が希望を持てない社会になっていることを知った。日本の社会状況とよく似ている。

「それだけに、オリンピックの開催はグッド・タイミングでした」と、確信に充ちた目でGさんは言った。すっかりGさんは立派なロンドン市民になっていた。

今度のロンドン・オリンピックが、《若い世代に夢を！》のスローガンをかかげた理由が、Gさんの話を聞いて少しばかり分かった気がした。若い世代は二十一世紀への弾むような夢を抱けていないのである。それは、日本も、アメリカも、世界にも広く共通していることだ。スポーツで、オリンピックで若者に元気と勇気を喚起させたいとの思いが込められているのだった。オリンピックはいつの時代でも〈未来への希望〉として輝く存在でなければならない。

シンプルで、オリンピックの原点を再確認する、一見、平凡なスローガンだが、時代に符合するなかなか考え抜かれたものだと思った。

日が暮れても川沿いは歩き語らう人びとで賑わっている。Gさんは明日も仕事だと言う。

「ロンドンに居るあいだに、また会いましょう」と約束して別れた。

〈知り合い〉がいることへの安堵感が湧いてきていた。

なでしこジャパンの活躍を追って（八月三日）

■便利だが用心が必要なトラベル・カード

ロンドン入りして二日目の朝が明けた。今日から私のオリンピック競技の観戦が始まる。歳甲斐もなく胸が高鳴り、足が弾む。まだまだ私は若い。

早ばやとパディントンの国鉄駅へと急いだ。パディントンはイギリスの西部、ウェールズ方面に出かける鉄道のターミナル駅である。仲間のK氏と午前九時に落ち合った。

今日の夕刻に、西部の港町、カーディフでサッカー女子決勝トーナメントの初戦、ベスト8進出をかけ、日本対ブラジルの試合が行われる。

オリンピック最初の観戦がいきなりこれだとは思ってもいなかった。出だしから好調だ！

カーディフはロンドンから約250㎞、特急列車で2時間はかかるという。東京から静岡ぐらいの距離になろうか。

この観戦チケットには、ロンドン市内の地下鉄、バスに観戦日だけに限って乗れる『toraver・card』が付いていた。「観戦優待切符」とでも言おうか。

トラベル・カードを持っていれば、有効使用圏内であるなら、乗り降りは何回でも自由、途中下車も構わない。必ずしも競技会場に行かなくても、このカードを使って範囲内の観光もできる。しごく便利は切符である。

アテネ大会でも北京大会でも同様なシステムが採られていた。ただし、この二大会の場合は、観戦チケットそのものが当日乗車券を兼ねていた。切符をいちいち購入する煩わしさがなかった。

もちろん、観戦チケットの料金がちゃんと交通費を見込んだ額になっているのであるが……。そこのところは抜け目がない。それでも、乗り降り自由、何回でも使用可能だから、「安い」「便利だ」と評判の良いシステムである。

その〝便利さ〟がアダとなり、トラブルが起きた。その現場を、アテネ大会の折、私はマラトン村行きの長距離バスの中で直接体験した。

バスがアテネの郊外に出て、女性車掌が検札に回ってきた。しばらくすると、奥の席で大声を張り上げた口論が始まった。車掌と子連れの婦人とのあいだであった。なかなか収まらない。やがて、他の乗客も加わって車内は大騒ぎになっていった。

突然、バスは路線を外れて止まった。そこにはパトカーが待機していた。運転手が無線で連絡を取ったのだろう。

口論はまだ続いていた。隣の席に居たイギリス青年に「何が起こったのだ?」と聞いてみた。「どうやら、オリンピック・チケットで乗ったらしい。この長距離バスはそれが効かないのを知らなかったようだ」。

たしかに、長距離バスは観戦チケットでの乗り降りは〈圏外〉、無効であった。私も長距離バス料金を別途払って乗っていた。

しかし、マラトンの近くの海岸ではオリンピックのヨット競技がおこなわれていた。その観戦に親子は向かっていたのだった。だから、「当然、チケットで乗れるもの」と思ったらしい。それが混乱の元だから婦人の言い分にも理があった。

ひょっとしたら会場行きのリムジン・バスと思って乗り間違えたのかもしれない。私もリムジン・バスではあったが行先を間違えて、別の会場に連れて行かれた失敗があった。だが、そんな釈明をしても、この女性車掌は「ならぬものはならぬ」と許してくれそうもない剣幕だった。

二人の口論は、三十分経っても終わらなかった。あくまで、双方とも言い分を曲げなかった。他の乗客が今度は「早く出せ!」とわめきはじめた。結局、二人の親子をパトカーに預けて、バスはやっと走り出したのであった。

あとでこの話を知人のギリシャ人氏に話したら、「凄かっただろう。ギリシャの女性は意地っ張りで、絶対に妥協しないんだ！」と、肩をすくめて笑っていた。それで氏は日本女性を妻にしたのか？　口論にも土地柄、国民性が出ているのだった。

便利であるだけに、トラブルもある。巷《ちまた》では〈トラベル・カード〉をもじって〈トラブル・カード〉と揶揄《やゆ》する向きもある。「ロンドンでもちょくちょく起きているんです」と情報通のD氏が話していた。つまり、便利だから、ついついトラベル・カードの有効圏内を外れて乗ってしまう事例が発生しているというのだ。

あり得ることだ。地下鉄のレールはどこまでも続いている。私も気をつけよう。

■今夜が事実上の決勝戦だ！

列車が滑り出して、間もなくである。

突然、はっきりした日本語で、「ヒロハタサン、コンニチハ。オゲンキデスカ」と声が掛かった。えっ、だれだ？　近くに日本人は居ない。

声の主は、斜《はす》かいに座っている、見ず知らずの外国人男性であった。……多分、バッグに付けていたローマ字で綴ったネーム・カード「HIROHATA　JAPAN」を見たのだろう。

彼は能弁に話しかけてきた。

ブラジル人だった。日本語が堪能なのは、若い時分に三年ほど埼玉や千葉の自動車工場で働いていたからだと言う。「懐かしいね～」と日本びいきの笑顔を寄せた。

アマゾンの中心都市、マナウスに住んでいて、そこでサッカー協会のスタッフをやっているそうだ。浅黒くがっしりした体躯である。アマゾンの密林地帯で精力的に仕事をしているのであろう。

メモ帳にブラジルの地図を書いて、マナウスはリオデジャネイロから「こんなに離れている」と両手を大げさに広げた。日本人の距離感覚ではつかみにくい距離であった。

「日本の女子は強くなりましたね。テクニックは世界一番だ！」。

「いや、ブラジルの伝統にはまだまだおよばないなぁ～」。

「男子は世界一だがね。女子も実力をつけてきた。今夜の一戦が事実上の決勝戦だ。」

「そうありたいね～。きっと好ゲームになるだろう」。

ブラジル氏は二年後の２０１４年に開催される自国でのサッカー・ワールドカップをしきりに宣伝した。オリンピックはその絶好の宣伝の舞台、彼はワールドカップの〈サンドイッチマン〉を兼ねてやってきたのだろう。

いま、その出場権獲得をめざすアジア予選の真っ最中だ。前回の南アフリカのワールドカップでは決勝トーナメントに進出を果たした日本だけに、地区予選突破にオリンピック以上の熱い視線が注がれている。

「ぜひ、見に来てくれ。マナウスでも試合をやるから」。

「次のオリンピックもリオだから、どちらかには行きたいね〜」、

「待ってるよ」。

そう言って、名前と住所、電話番号、メール・アドレスをメモしてくれた。


「オリンピック」の六文字だけで、すぐに仲間になれる。言葉の壁も気にならない。オリンピックは不思議な力を持っている。この空気が大好きだ！

気軽な声かけはアテネ大会でも北京大会でもあった。

北京では、柔道会場の前の公園で休憩していたら、スイカをほおばっていた中国の青年が「ひとつどうですか」とすすめてくれた。ムッとした暑さにバテ気味だった〝老人〟を気の毒に思ったのであろうか…。気のいい青年は、「観戦チケットが取れなくて、オリンピックの雰囲気だけでも浸りに来たんだ」と言っていた。

万里の長城に登った時は、頂上の櫓《やぐら》跡でブラジルで働いているポルトガル人の家族が声を掛けてきた。長城を渡る涼しい風に吹かれて、くつろぎながら話した。「サッカーを見たあと、日本を旅行する予定だ。見所はどこか、東京か、横浜か、京都か?」と質問をうけた。

（後日談ではあるが、この原稿を書いていた十月に、日本人ツアー客が万里の長城で吹雪にあって遭難したとのニュースが飛び込んできた。映像を見ていたら、その長城に記憶があった。たしかに、嶮しく、階段は所どころが腐ちている危険な長城で、地元では《古城》と呼んでいた。）

「オリンピック」はフレンドリーの世界だ。

それにしてもはるかに遠いブラジル。日本の真裏の国だ。そこは日本人の移民が多く、なにかと親しみ深い国ではある。サッカー／バレーボール／ビーチ・バレーが強いし、柔道も強化している。大相撲にはブラジル出身の幕内力士が誕生した。

元気だったら、二年後のワールドカップにも、四年後のオリンピックにも行きたいものだ。また〝妖怪〟が手招きしてくれるのを期待して……。

■体操指導でコロンビアに住みついた日本人

ブラジル氏は、好きなだけしゃべって、ウトウトと居眠りをはじめた。屈託がない。

彼の横顔を眺めているうちに、八年前のアテネ大会で、南米のコロンビアで活動しているある日本人との偶然の出会いを思い出した。

パナシナイコ（パン・アテナイ）競技場の正面入口だった。総大理石で造られたこの競技場は、１８９６年の**第一回オリンピック大会**のメイン会場であり、１０８年前のそのままの姿を残していた（**表８参照**）。威厳があり、洒落た造形のスタジアムである。

２００４年のアテネ大会ではアーチェリーの競技会場となり、男女のマラソンのゴールとなった。

記念にとカメラを構えていたら、「撮ってあげましょう」と日本語の声が背後から掛かった。ガッチリとして、日焼けした顔。同世代の日本人男性だった。

「オリンピック観戦ですか」、

「コロンビアから来ました」。

たしかに、赤いTシャツに「**colombia**」のロゴが刷り込まれている。「わざわざですか？」と聞くと、「コロンビアで体操を指導しています」と返ってきた。

まったく二人は同じ歳だった。コロンビア氏は日本体育大学で学び、体操選手として活躍した。私の大学（東京教育大学体

（表８）　第１回オリンピックアテネ大会の概況

開催都市	アテネ（ギリシャ）
参加国・地域数	14
参加選手数	245人
競技種目数	８競技43種目
会期	1896年４月６日～４月15日
開会宣言	ゲオルギオス１世
主競技場	パナシナイコ・スタジアム

育学部）の同期の体操選手の名前をあげると、「よく知っています」という。当時、両大学は日本体操界の双璧で、オリンピック選手を輩出していた。

体操氏は卒業に際し「外に出よう」と一大決意をして、政府が奨める青年海外協力隊※に応募、そしてコロンビアに就いた。首都ボコタで体操教室を開設しコロンビアの体操指導に専心した。

「コロンビアの体操競技の草分けを担ったようなものです。」

協力隊の契約の期限がいったん切れたが、道半ば、コロンビア政府の推奨もあって延長を続け、そのまま当地に住み着いた。やがて現地の女性と結婚した。

※**青年海外協力隊**：日本国政府が行う政府開発援助（ODA：Official Development Assistance）の一環として、外務省所管の独立行政法人国際協力機構（JICA）が実施する海外ボランティア派遣制度。募集年齢は20～39歳。募集分野には農林水産、教育、保健衛生などがあり、１２０以上もの職種に分かれている。これまでに派遣国は約80ヶ国、約3万名の隊員が派遣されている。

コロンビアの体操事情を聞いた。体操氏はいばらの道を淡々と語った。

〈南米はどこもサッカーが優先。体操人口は少なく、政府や企業の支援も限られ、指導はボランティア同然だった。いまも変わらない。〉

〈体操用具の国際規格や基準が変わるたびに、「競技要項」を取り寄せては器具や用具を自分

で作っている始末だ。〉

〈南米選手権で教え子がチャンピオンになった。それでアテネ大会に連れてきたが、とても世界には太刀打ちできない。〉

アテネ大会では日本の男子体操が二十年ぶりに団体優勝を果たした。

「その瞬間を見ていましたが、嬉しかったですね。やはり、日本人ですから……。涙がでました。」

「これからもコロンビアで続けるんですか」、

「人生を賭けてきましたからね。もう少し頑張ってみますよ」。

あれから八年。使命感に燃えていたコロンビアの体操氏は今回のロンドン大会にも選手を連れてきているのだろうか。優勝を狙った日本男子団体が2位に甘んじた結果を、どんな思いで見たのであろうか。

コロンビア、そしてブラジル——ひょっとしたら、私は南米に縁があるのかもしれないな〜。

■サイクリングが似合う丘陵地帯

特急列車は線路を舐めるように疾走した。ヨーロッパの大地を列車で旅するのは、1984年のオリンピック研修旅行でローザンヌ（スイス）――ケルン（ドイツ）――パリ（フランス）と移動した時以来だ。

ロンドンの市街を二十分も離れると、両脇に広大な田園地帯が続いた。高い山が見あたらない。少し丸みを帯びた丘陵の稜線が波打って地平線のかなたまで流れている。穏やかな光景に見飽きることはなかった。

沿線には牧草地が続く。牧場では羊や牛や馬たちがのんびりと草を食んでいる。ポツリポツリと小さな集落があり、教会の尖塔だけが林の中に見え隠れしている。イギリスは農業を大事にしているなぁ～、との印象を抱いた。

かつて、イギリスでは「囲い込み」によって農民は土地を奪われたと聞く。産業革命に向かう前夜だった。土地を追い出された農民は都市に逃げ、多くが貧民となり、身を崩していった。

トマス・モアが理想の国を描いた『**ユートピア**』のなかでその酷さを告発している。〈……その土地の貴族や紳士や、その上自他ともに許した聖職者である修道院長までが、国家の為になるどころか、とんでもない大きな害悪を及ぼすのもかまわないで、百姓たちの耕作地をとりあげてしまい、牧場としてすっかり囲ってしまうからです。〉
〈……こういうわけで、たった一人の強欲非道な、まるで鵜のような、疫病神のような人がいて、広大な土地を柵や垣で一ヵ所にかこってしまおうなんて、とんでもない野心をいだいたばかりに、多くの農民が自分の土地から追い出されてしまうことになるのです。〉

モアは、土地から追い出された農民は乞食になるか、泥棒になるしかないと、「囲い込み」の蛮行を批判する。彼らの自堕落ぶりのなかに、〈スポーツ〉が取り上げられている一節があって注意をひいた。

〈……おまけに賽《さい》ころがし・トランプ・双六・テニス・球ころがし・鉄環《わ》投げ、などといった実にさまざまないかがわしい賭博の類が横行する。〉

ここにもスポーツのルーツのひとつがある。イギリスのスポーツは、①王侯貴族の〝おかかえ〟から発したレスリングもあれば、②ボートやヨットのように新興ブルジョアジーの子弟が担ったものもあるが、③庶民もけっこうスポーツ——賭け事が多いが——に興じていたわけだ。

〈スポーツ〉のもともとの語源には、〈日常のまじめな労働や生活から離れる〉、〈気晴らしをする〉、〈賭け事をする〉との意味がある。それが〈スポーツの母国〉の発酵土壌となったと言えよう。

車窓の外に広がる田園の歴史に思いを馳せた。そして、工場や大型店舗などに切り売りされ、減反を強いられ、自作を制限され、TPP（環太平洋経済連携協定）の押しつけにさらされようとしている日本の農村地帯を悲しんだ。

高い山もなく、原野や丘陵の続くイギリスでは、自転車でサイクリングする旅が人気だと、情報通のD氏が話していた。たしかに、これぐらいのダウン／ヒルなら私の年齢でも疲れを知らずに、「サイクリング、ヤッホー」の歌を口ずさんで軽快にペダルを踏めそうだ。

「あちこちにレンタルの自転車店があって、指定の店ならどこでも乗り捨てができるシステムになっているんです。」（D氏）

牧草地のところどころ、サッカー場のゴールネットやラグビーのゴールポストのある芝生の広場が目に飛び込んできた。1面だけのものもあれば、2面、3面と広大な敷地の広場もある。休日ともなれば、都市から、農村からボールを抱えて集まってくるという。

「少年や若者だけじゃないんです。すごいのは六十歳代、七十歳代のクラブもあって、けっこう華麗なプレーで盛り上がるんです。」（D氏）

アテネや北京の旅では見かけなかった〈スポーツのある光景〉——列車の旅はただ素通りするだけではなかった。

■ウェールズはラグビーが一番さ!

目的地カーディフ中央駅に到着したのは正午を少し回っていた。午後五時からの試合開始まではたっぷり時間がある。まずは腹ごしらえをとK氏と駅前のパブ（軽食屋）に入った。

街が望める二階のテラスでサンドイッチとコーヒーを取り、雑談していたら、隣の席から声が掛かった。一人、タバコをくゆらせていた七十五歳前後の老婦人が「サッカー観戦かい？」と話しかけてきた。

「どこからかい？」と聞く。「日本からですよ」と応じると、懐かしそうに笑みを浮かべた。「カーディフはね、昔は貿易港で栄えたもんさ。その頃、日本の横浜港との行き来があって、日本の船をよく見かけたもんさね。私の妹が日本で仕事をしていたから、知らんわけでもないよ。」

カーディフ――イギリス西部の海岸都市で、ウェールズの首都である。人口は30万人ぐらいだが国際空港がある。古代ローマ時代に海岸ぶちに砦が築かれた歴史を誇る。イギリスの産業革命以後は、カーディフ港は石炭の積出港として栄えてきたと聞く。それで日本の横浜が近くなった。

「ここもサッカーが強いんでしょうね？」と聞いてみた。老婦人は老いた背筋を伸ばし、「そうくるかい！」といった目になって、誇り高く語った。

「そうさね……、カーディフ・シティというプロチームがあるからね。実力は、まぁ〜中の上ぐらいかね。サッカーはイングランドのスポーツよ、ウェールズの一番はラグビーだからね。」

「カーディフ・ブルースというラグビーチームの人気はサッカーなんか寄せつけないね。イギリスで1、2番の強ささ。」

「あんたたちがこれから行くミレニアム・スタジアムだって、ラグビーの収益で造ったもんさね。」

ラグビーに詳しくない私でも《**ラグビーのウェールズ**》は音にも聞いている。炭鉱労働者と港湾労働者、〝荒ぶる〟土地柄がラグビー気質に合っているのかもしれない。ラグビーの六ヶ国対抗戦は嫌が応でも郷土意識がかき立てられる。

1999年にラグビーのワールドカップはウェールズでおこなわれた。たしかにウェールズは強い。これまで7回のワールドカップの中で3位（第1回大会）と4位（第7回大会）の成績を収めている（表9参照）。

ただ、私のような日本人の感覚では理解に苦しむことがある。同じイギリスの中なのに、ウェールズ、イングランド、スコットランド、アイルランドの4つの地区が〈国〉として対等

（表９）　ラグビーのワールドカップとウェールズ（網掛け文字はウェールズ）

回	年	開催国	決勝戦			3位決定戦		
			優勝	スコア	2位	3位	スコア	4位
1	1987	ニュージーランド	ニュージーランド	29－9	フランス	ウェールズ	22－21	オーストラリア
2	1991	イングランド	オーストラリア	12－6	イングランド	ニュージーランド	13－6	スコットランド
3	1995	南アフリカ共和国	南アフリカ共和国	15－12	ニュージーランド	フランス	19－9	イングランド
4	1999	ウェールズ	オーストラリア	35－12	フランス	南アフリカ共和国	22－18	ニュージーランド
5	2003	オーストラリア	イングランド	20－17	オーストラリア	ニュージーランド	40－13	フランス
6	2007	フランス	南アフリカ共和国	15－6	イングランド	アルゼンチン	34－10	フランス
7	2011	ニュージーランド	ニュージーランド	8－7	フランス	オーストラリア	21－18	ウェールズ

に扱われ、独立チームを形成し〝国際大会〟だと称して対抗意識を燃やす。統一されていながら独立しているというのはどういうことなのだろうか。日本での〈都市対抗〉や〈都道府県対抗〉の域をはるかに超えている。

ラグビーおばさんに、「どこか近くに観光にいい所がありますか？」と聞いてみた。彼女はまた胸を張った。

「あるよ、あるよ。私のイチオシはカーディフ城だね。古い城跡が残っている。すぐ近くだから、ぜひ行ってみな。絶対に請け合いだよ」。

街のこざっぱりした目抜き通りを抜けたら、濠を持ち、高く頑丈な石垣で築かれたカーディフ城址があった。古城は海戦で暴れたバイキング時代の趣を残して堅固に構えていた。どことなく日本の城に似ている。

門前には鋭くそびえる見張り番の尖塔があり、城壁の回廊は観覧者が歩けるようになっている。中庭の奥は〈本丸〉で、狭く暗い螺旋階段を頂辺《てっぺん》まで登りきると、カーディフの街が一望できた。眼下に青々とした海原が広がっている。

さすが、ラグビーおばさんがイチオシするはずだ！

■急増する「なでしこ」ジャーナリスト

そろそろ時間だと、古城見物を切り上げて試合会場のミレニアム・スタジアムに通じる大通りを歩いていたときだった。

背後からパッカパッカと軽快な馬のヒヅメの音が近づいてきた。2頭の白毛の馬に跨《また》がった騎馬警察に導かれ、一台のバスがゆっくりと進んできた。

見ると、「なでしこジャパン」の選手たちが乗っているではないか！　ちょうど選手のスタジアムへの入場の時間にかちあったのだ。安藤選手の顔が見えた。大野選手と目が合った。手を振ると、窓越しに応えてくれた。

白馬に先導される「なでしこジャパン」。〝白馬の女王さま〟――絵になっている。

時代は変わったものだ！　私たちの現役時代――1960年代――には選手はここまで特別扱いにされなかった。〈名誉〉と〈謙虚〉があがめられる「アマチュア」の枠をはみ出す行為は戒められたものだ。一人だけが目立つようなスタンド・プレーなど「もってのほか」だった。

いまや「プロフェッショナル」の時代。選手たちはスターであり、ヒロインであり、エンターテインメントである。エキサイティングなプレー空間を観客もいっしょになって楽しむのである。それだけに、つねに「金を払って見るのにふさわしい好プレー好ゲーム」が求められるから、私たちの時代以上に選手は〝成績〟をあげるリスクを負っていると思うと、大変なことだと同情したくもなる。

構えの大きなスタジアムだった。入場門でのチェックは緩かった。手荷物の検査もボディ・チェックも型通りで済んだ。

アテネと北京では、オリンピック・スポンサー以外の食べ物、飲み物の持ち込みは禁止され、すべて没収された。弁当もダメ、バナナやオレンジまでダメだった。飲食の商品はマクドナルドが独占し、口に合わないハンバーガーを押し売りされた。

しかし、そこには〝抜け道〟もある。知恵者というのはどこにでも居るもので、スポンサー以外のラベルを剥がして無印になった飲料水のボトルにすれば、なんなく持ち込むことができるというのだ。私もやってみたら、なるほどすんなりと持ち込めた。

ここカーディフの会場に入るには、そんな面倒なことをしなければならない理不尽さはない。

「ずいぶんここのチェックは軽いですね～。ロンドンではけっこうきびしかったんです」。入場の際に知り合った日本人のサッカー・ジャーナリストがホッとした顔で言っていた。私の推測では、ここがイングランドではなくウェールズだという違いがあるとみた。イギリス人の感覚からすれば、オリンピックは〈イングランドという国〉が開催しているととらえているからだ。

男性はフリーのジャーナリストであった。まだ女子サッカーが注目されていなかったころから ず～と追っているという。

「彼女たちは苦労していますからね。強くなり、注目されるためにひたむきにがんばる。それがプレーににじみでている。女子サッカーの魅力ですね。」

ただ、昨年のワールドカップ優勝で、にわか「なでしこ」ジャーナリストが急増したと嘆く。ニュー・ヒーローに飛びつき群がるのはジャーナリズムの習性だ（表10参照）。

（表10）　なでしこジャパンの軌跡

1981年	日本女子代表チームが結成され、アジア女子選手権に出場。
1991年	第1回FIFA女子世界選手権に出場。グループリーグで敗退。
1995年	第2回女子世界選手権でベスト8に入る。
1996年	アトランタ・オリンピックに出場、グループリーグで敗退。
1999年	第3回女子世界選手権に出場、グループリーグで敗退。
2003年	第4回女子ワールドカップ（名称改称）に出場、グループリーグで敗退。
2004年	愛称「なでしこジャパン」を採用。アテネ・オリンピックに出場、ベスト8に。
2007年	第5回女子ワールドカップに出場、グループリーグで敗退。
2008年	東アジア女子サッカー選手権で優勝。AFC（アジアサッカー連盟）女子アジアカップ2008で3位。北京オリンピックでベスト4に進出。
2010年	第16回アジア競技大会（中国・広州）で初優勝。
2011年	**ドイツで開催された第6回女子ワールドカップでアメリカを破って初優勝。**

「半分、オッカケみたいで、アイドル扱いの報道が多くなっているのが気になりますね」。

いまやマスメディアの露出一、二番を競う「なでしこジャパン」。ジャーナリストたちの目が集中するのは避けられない。ルポも論評も無風から競争に変わるのは必然だ。

「選手たちに寄り添ったいいルポを書いてください」と、私はジャーナリスト氏にエールを送った。

ミレニアム・スタジアム――開閉式の屋根を持った全天候型で、ピッチは天然芝。7万5000人が収容できるヨーロッパでも二例目の巨大スタジアムだという。1999年のラグビー・

ワールドカップの決勝戦の会場として新設された。所有はウェールズラグビー協会である。ラグビーおばさんが自慢するだけのことはあった。

ここがロンドン・オリンピックのサッカー会場の一つに選定された。すでに「なでしこジャパン」は予選リーグで使用して勝手を知っている。地の利を得るのも勝負の世界では大事な要素だ。

■会場は広いが、観客が少なすぎる!

午後5時ちょうどにキック・オフ。準決勝進出をかけた試合が始まった。

私の席は選手たちの息づかいが届くほどの一階の前の方にあった。監督・選手のベンチ・サイドにほど近く、選手の入退場ゲートもすぐそこにあった。

なかなかこういう優良席の観戦チケットは手に入りにくいものだ。これまで二回のオリンピック観戦でも、優良席で見られたのはアテネ大会でのテニスぐらいであった。この時は、プレーヤーのコーチや家族の座る「ファミリー・ボックス」に隣り合わせていた。優良席は金額が張るし、ゲスト席になっているのが多く、高嶺の花だ。

試合開始のホイッスルとともに、スタジアムは静から動に一変した。

互いにドリブルで突破をねらい、パスで相手陣営に飛び込んでいく。複雑なボールの展開を油断なくガードし、体を張ってゴールを塞《ふさ》ぐ。正確なスルー・パスが通ると、攻防に緊張感が走る。観客席は固唾《かたず》を飲み込む。

すぐ近くのピッチを、サイドの川澄、宮間、鮫島らが猛烈なスピードで駆け上がっていく。しっかり鍛えられた脚・腰は安定感があり、細やかな動きにも崩れない。

澤が前後・左右を走り回り、相手を翻弄《ほんろう》して、ブラジルの陣営に風穴を開けにかかる。出足はブラジルが押し気味だった。日本は落ち着いたディフェンスでしのぎ、しだいに攻撃に転じていった。ワールドカップ優勝の自信からだろうか、プレーにゆとりがあった。

前半27分、トップにいた大儀見が沢からのスルー・パスをとらえてシュートまで運んだ。絶妙な時間帯での絶妙な得点だった。

ゴールの瞬間に、「ニッポン、ニッポン」のコールが館内にあがった。すぐ後ろの席にいた少女も、ユニオンジャックの小旗を振りながら、「ニッポン、ニッポン」と飛び上がって喜んでいる。

「娘は髪をなびかせて走るサワ（澤穂希）選手の大ファンなんだ！」（父親）。

地元には『カーディフ・シティ・レディース』という女子チームがある。「娘がそこで活躍できれば……」というのが父親の希望だった。

ハーフ・タイム。周辺を見渡すと、観客席が埋まっていないのに気づいた。一階席で半分ぐらい、二階席は三分の一程度しか入っていない。7万5000人収容という器が大きいだけに、いちだんと貧素な感じがする。オリンピックの準々決勝だというのに……。まだまだ女子サッカーの集客力は発展途上にある。

アテネ・オリンピックでも寂しい光景を見た。女子バスケットボールの日本対ロシア戦を観戦したとき、午前中の試合ということもあってか体育館はガラ〜ンとし、日本の応援団が40〜50人ほどいるだけだった。

オリンピック憲章の根本原則に、《できるだけ多くの世界の人びとをスタジアムに招き入れる》とある。これに照らして、世界のトップ・チームのプレーがこんな扱いでは「オリンピックと言えるのか……」と疑問が湧いた。

競技場の大きさと観客の動員――工夫すべき課題があるようだ。ただ大きければ良いというわけにもいかないし、人気のカードだけが満席になるという市場原理だけに委ねるのもどうかと思う。

試合後半も、立ち上がりから日本に勢いがあり、73分（後半28分）に大野が見事なシュートを決めた。

終始、優位にゲームを進めた日本が、2―0の完勝で準決勝進出を決めた。強い！　ワールドカップ優勝の「なでしこジャパン」には風格があった。

試合がハネた。選手と応援席とが一体となって勝利を祝うセレモニーをじっくりと味わいたかったが、泊まる宿のない私はスタジアムを飛び出して帰路を急いだ。

カーディフ中央駅の広場で、改札のロンドン行きの列に並んでいたら、往きに会ったブラジル氏が私を目ざとく見つけて声を掛け、握手を求めてきた。

「おめでとう！　日本、強いね。完敗だったよ。これからは日本を応援するよ」。

車中で余韻にひたり、いい気分になってウトウトしていたら、最寄りのブレット・ウッド駅をやり過ごしてしまった。終点駅まで行って、なんとか最後の便でその日のうちに引き返せた。まっ、こういう失敗は旅のつきものだ。

殊勲の銀と無気力試合と（八月四日）

■コンパクトで小奇麗な街ブレット・ウッド

今日は宿舎とその周辺で過ごすことにした。オリンピック競技の観戦チケットもなく、昨日の強行軍の旅の疲れもあった。

庭に出ると、リスが二匹、木を伝わってあわてて逃げた。タヌキのような尻尾を持った小動物が、ゆたゆたと茂みに隠れた。人と動物が共棲している。地名に「ウッド＝森」が付いているわけだ。

駅前に「**ブレックファースト**」（朝飯屋）の看板が掛かった小さな店を見つけた。常連客の多くは通勤者だったが、近所の老夫婦や乳母車をひいた若い母親たちも立ち寄って、朝の軽食を取っている。

あったかいコーヒー／焼きたてのハムエッグ／盛りのよいサラダ／それにカフェオレ。これが私の〈朝定〉となった。安くて、温かくて、まずまずの味である。それまで街で食べたパンは硬く、味も大味だっただけに、なおさら美味く感じた。

安くて安心して食べられる食事処を確保する——長く一カ所に滞在する場合の秘訣のひとつである。

○アテネ大会では行動の起点となったシンタグマ（憲法広場）の脇にあった多彩なメニューのあるツーリスト専用の店であった。この店を見つけたのは、一九八四年のオリンピック研修旅行の時だった。それから二十年が経っていたが、ちゃんと繁盛していた。

○北京大会では「中華料理」だから親近感もあって、食事処には苦労しなかった。ただ、美味いラーメンが少なく、どうもスープがぬるくてシャキっとしなかった。日本の熱いスープのラーメンは〝絶品〟だとつくづく思った。

昼前に**ブレット・ウッド**の街にブラリと出かけてみた。天気は暑くもなく上々だった。駅からダラダラとした上り坂が続く。道はさほど広くはない。車は日本と同じ左側通行である。アテネと北京は右側通行、勝手が違って慣れるのに時間がかかった。

とくに北京は道幅が三車線、四車線もあって、広すぎて横断するタイミングが取れなくて困った。中には、歩道を平気で走ってくる不届きな車さえあって油断できなかった。

坂を上りつめた台地は一本筋のプロムナードになっていて、小洒落た商店がひらけていた。両側の商店の飾り窓からは、オリンピックを祝ってだろうか、ユニオンジャックの旗がはためいている。大小のパブやレストラン、ちょっとしたスケゥア（広場）はバザールになって賑わっている。それにやけにビューティー・サロンの店が多い。いま流行りのサッカーなどをTV観戦できるスポーツ・パブ（バー）もある。

商店街の裏手には、古くて大きな教会があった。案内板にこの地域を支配した中世の王侯貴族が寄進したと記されてあった。

教会の奥はチャペルを持った小学校だった。伝統がにじみ出た校舎、よく手入れされた花壇。夏休みで児童の声はなく、鳩が数羽、のどかに餌を啄《ついば》んでいる。

住宅地の空間には小さな公園があった。老人たちがベンチに腰を降ろし、芝生の上では幼児たちが裸足で駆けずりまわり、転びまろびつして遊んでいる。

ブレット・ウッドの街は落ち着いた、コンパクトな街である。行き交う人びとの歩く姿もゆったりしていた。郵便ポストはあの赤だるまのレトルト様のものを使っている。ここでの生活は昔からあまり変わっていないのだろうなぁ〜。〝伝統〟を重んじているイギリスの情景があった。

街の一隅に飾り気のないＣＯＯＰ（市民生協）のスーパーがあった。生活協同組合（生協）

は十九世紀のイギリスの労働運動が生み出した〝生活防衛〟の組織である。臨席する垢抜けたスーパーには見劣りはするが、店舗はけっこう広く、品物は豊富で、値段は安く、目方売りもある。

連日、オリンピック報道に精を出している仲間に、栄養をつけさせてあげようと考えた。だが、そこは男の買い物、欲張ってあれもこれもと買ってしまった。パン／ビスケット／牛乳／生ハム／卵／アップルジュース／コーラ／オレンジ／トマト／バナナ……。

レジで店員さんから「こんなにも？」という表情をされた。〈一人暮らしの老人〉とでも思われたか……。

宿舎は自炊ができるようになっていた。K氏は私が日本から買いこんできたカレー・ルーを上手に煮込み、シチューにした。パサパサのパンによく合った。I氏は家庭でいつもやっているだけあって手際がよく、サッサとハムエッグを焼いたり、野菜炒めを作った。なまぐさな私にはとてもおよばない。

いつでも自炊ができるから、食いっぱぐれを心配しないですむ。ただ残念なのは、三人三様の生活時間だから、揃って宿舎で食事を取ることは滅多になかった。

■飛車・角抜きの格下ゲーム

宿舎のテレビでオリンピック実況中継を楽しんだ。BBCとそのネットワークが放映権を持っていた。

オリンピック放送だけで全部で二十三の多チャンネルを数え、ほぼ全競技を予選から決勝までカバーしていた。居ながらにしてオリンピックの観戦、これじゃ、競技会場に足が遠のくばかりである。ただし有料である。

有料放送――数百、数千億円もの高い放映権料をIOC（国際オリンピック委員会）に支払うことで、視聴者に負担がのしかかる。

オリンピックの巨大化に伴い放映権料は高騰し続け、いまは夏季と冬季の二大会セット（たとえば、バンクーバー冬季大会＝2010年とロンドン夏季大会）で契約するシステムになっている（**表11参照**）。日本は「**ジャパン・クルー**（JC）」――NHKと民放で構成――がこの2大会を325億円で契約した。

その分がテレビ視聴料金としてのしかかる。これが物議をかもしたと、D氏から聞いた。

「公共性の高いオリンピックの放映を有料化することで、見られる者と見られない者とが生じ、『見る権利』が制限される。」

（表11） オリンピックのテレビ放映権料（バンクーバー大会とロンドン大会）

地域（放送事業者）	ドル建て	円建て
アメリカ（NBC）	20億ドル	1832億円
カナダ（CTV）	1億5300万ドル	140億1480万円
中国（CCTV）	9950万ドル	91億1420万円
日本（JC）	**3億5480万ドル**	**325億円**
韓国（SBS）	3300万ドル	30億2280万円
フィリピン（Solar）	200万ドル	1億8320万円
香港（i-Cable）	1488万ドル	13億6300万円
台湾（Elta）	9万ドル	824万円
アラブ諸国（ASBU/ART）	2120万ドル	19億4192万円
南アフリカ諸国（SABC）	1600万ドル	14億6560万円
イタリア（Sky Italia）	1億4286万ドル	130億8598万円
ヨーロッパ諸国（EBU）	7億1429万ドル	654億2896万ドル
オーストラリア（Nine）	1億1150万ドル	10億1340万円

※2010年5月7日現在の為替レート。1ドル＝91.6円

もっともな主張であろう。日本でもBS、ケーブル化など有料化が進み、オリンピック放送もジャパン・クルーの買い上げだから、契約しないと見たい競技も見づらくなっている。これからますますそうなっていくのだろうか……。

有料契約で見られる人だけのオリンピックTV観戦――はたしてこれで良いのだろうか？

正午から、男子サッカーのベスト8をかけた日本対エジプト戦がかかった。この試合の取材にI氏が現地まで出かけていた。

会場はマンチェスターのオールド・トラフォード。プロサッカー

（表12）　ロンドン・オリンピックのサッカー会場

ウェンブリースタジアム	ロンドン	90,000人	2007年に開場。開閉型。天然芝。男女の決勝戦。
ミレニアムスタジアム	カーディフ	74,500人	1999年に開場。開閉式全天候型。天然芝。開幕試合と男女の3位決定戦。
オールド・トラフォード	マンチェスター	76,212人	1910年に開場。天然芝。マンチェスター・ユナイテッドの本拠地。
セント・ジェームズ・パーク	ニューカッスル	52,387人	1892年に開場。天然芝。ニューカッスル・ユナイテッドの本拠地。男女の準準々決勝など9試合。
シティ・オブ・コヴェントリー・スタジアム	コヴェントリー	32,500人	2005年に開場。芝。女子の3位決定戦など12試合。
ハムデン・パーク	グラスゴー	52,103人	1903年に開場。天然芝。男女計8試合。

のイングランド・プレミアリーグ、その最強のプロサッカーチーム『マンチェスター・ユナイテッド』の本拠地である。日本選手では香川真司が移籍したばかり。川を挟んで『マンチェスター・シティ』のスタジアムがある（表12参照）。両チームの対決は「**マンチェスター・ダービー**」と呼ばれて、熱くなる。

オリンピックのサッカー・チームの顔ぶれはワールドカップとは異なる。強豪のフランス、イタリア、アルゼンチンが本戦に出場していない。いわば飛車・角抜きの将棋のようで、格下の大会だとみられている（表13参照）。

出場選手も「二十三歳以下」と限定されている。勢いのある若い有望選手は多いが、名だたるスーパースターは出てい

（表13）　ロンドン・オリンピック（2012年）におけるサッカー競技・男子出場チームの国名

大陸連盟	出場枠数	予選大会	予選順位	出場国・地域	出場回数
UEFA	1＋3	開催国		イギリス	13大会ぶり10回目
		UEFA・U-21 欧州選手権2011	1位	スペイン	3大会ぶり10回目
			2位	スイス	18大会ぶり3回目
			3位	ベラルーシ	初出場
AFC	3.5	アジア予選	A組1位	韓国	7大会連続9回目
			B組1位	アラブ首長国連邦	初出場
			C組1位	**日本**	**5大会連続9回目**
CAF	3.5	アフリカ・U-23選手権2011	1位	ガボン	初出場
			2位	モロッコ	2大会ぶり7回目
			3位	エジプト	5大会ぶり11回目
			4位	セネガル	初出場
CONCACAF	2	北中米カリブ海予選	1位	メキシコ	2大会ぶり10回目
			2位	ホンジュラス	2大会連続3回目
CONMEBOL	2	南米ユース選手権	1位	ブラジル	2大会連続12回目
			2位	ウルグアイ	18大会ぶり3回目
OFC	1	オセアニア予選	1位	ニュージーランド	2大会連続2回目

ない。

　優勝候補筆頭に挙げられていたスペインは予選リーグで日本と同じ組になったが、1勝もできずにあっけなく敗退してしまった。まったくチームにまとまりを欠いていた。それでオリンピックのサッカーへの関心度がまた下がった。

　ヨーロッパや南米の多くの選手や

チームはクラブ・カップやワールドカップ優先にシフトされている。報償金もわずかなオリンピックにチームの中心選手を出場させてケガでもされたらかなわない、と球団(クラブ)もナショナル・チームに出したがらないという。

《オリンピックの競技は最高の水準でなければならない》(オリンピック憲章)との理想は掲げられているが、現実はそうなっていない。とくにプロスポーツの制度と試合が充実しているサッカーやテニスではそうだ。これでは見る方も足が止まる。悩ましいところだが、検討すべき問題であろう。

この状況のもとで、「さすが!」と思ったのがブラジルである。もともと選手層が厚く抜群の実力を持っている。二年後のワールドカップ、四年後のオリンピックの開催国として着実にチームを強化、順当に勝ち上がってきている。開催地イギリスもまずまずの出来である。

日本は素晴らしいチーム力を発揮して、エジプトを寄せつけなかった。次代を担う若い選手たちがのびのびとしたプレーを見せて、競り負けず、相手陣営に入り込んだモール状態を制した。3―0と圧勝。日本の実力は確実に上がってきている。

これで昨夜の女子に続いて男子もベスト8進出が決まった。

■〝隠し玉〟が銀メダルを獲得！

夜はバドミントン・女子ダブルスの決勝戦をテレビ観戦した。

名前も知らなかった藤井瑞希・垣岩令佳ペアの進出にびっくりしながら、試合を見守った。「スエマエ」の愛称で呼ばれる末綱聡子・前田美順ペアは、四年前の北京大会で4位に入り、今大会のメダルが期待されていた。前大会も本命は「オグシオ」の小椋久美子・潮田玲子ペアであった。

それが今度はスエマエ組はベスト8どまりで、若い藤井・垣岩ペアが勝ち残って決勝戦の舞台でシャトルを追っている。前評判とか下馬評ばかりは当てにならない。そこに筋書きのないスポーツの勝敗の妙がある。

バドミントン競技――由来はインドと見られているが、近代的な競技に仕上げたのはイギリスである。バドミントンの面白さは、打球の球速に大きな変化があることだろう。

全ての球技の中で、バドミントンの打球の初速が最も速いという。スマッシュの初速は、男子では最速で時速350～400㎞以上にも達する。かと思うと、シャトルは空気抵抗を受けて急激に速度が低下するから、これほど初速と終速の落差が大きい球技は他にない。

それをとことん拾いまくるのだから、バドミントンはハードなスポーツである。ラリー・ポイント制に変更されてから、選手の負担も軽減されてきたが、それでもラリーの応酬が何十回と続き、1ゲームの時間は長い。どうしても〝若さ〟が必要だ。

その若さを力に藤井・垣岩ペアが勢いに乗った。決勝戦でも軽快なフットワークで相手の強烈なスマッシュや前後左右の揺さぶりを拾い、一転して攻撃を仕掛けた。しかし、さすがに中国ペアは強く、スマッシュ力の違いが出てしまった。

二人は初出場で銀メダル獲得、しかもバドミントンではオリンピックでの日本初のメダルという快挙となった（表14参照）。ニュー・ヒロインの誕生――「フジガキ」とでも呼ばれるのだろうか。

「ちょっとした〝隠し玉〟がいるんですよ」。三月に日本バドミントン協会の役員と懇談した時に話題にのぼった。その時には隠し玉が誰なのか名前は明かさなかったが、ひょっとしたら「フジガキ」ペアだったのかもしれない。

この懇談のなかで、日本のバドミントン競技の環境の遅れが話された。

〈バドミントン競技は体育館の空調とともに照明が大事なのだが、じつは日本には国際試合の基準を満たしたバドミントン専用の体育館がない。〉

〈とくに照明だが、コートの真上や正面にライトの光りがあると、それが白いシャトルと重なって、選手は思わぬミスをしてしまう。だから、移動式の照明でないといけないのだが、

日本の体育館は固定式で移動式になっていない。〉

〈その点、ヨーロッパの体育館は移動式の照明が主流だ。ドイツなどではバドミントンコートだけでも二十面も取れる体育館を持っている。とても日本の体育館では取れない。〉

「なるほど」と思った。照明とか空調に影響されない体育館の設置には道理がある。卓球でもそうだ。よく「愛ちゃん」こと福原愛選手がゲームの開始前に天井を見上げて、照明や風の具合を確認している姿を見かけるが、それも同じ理由からである。

そんな制約された環境の中での銀メダル。二人に「アッパレ！」をあげたい。伸び盛りのペアだ。

■「無気力行為」をどうなくしていくか？

バドミントンでは大変な事態が起きていた。情報をオリンピック報道センターからI氏が持ち帰った。

〈予選リーグで韓国の2ペア、中国とインドネシアの4ペアが、「無気力行為」で失格、追放された。決勝トーナメントでの組み合せを有利にしようと、故意にサービスをはずしたり打ちミスをした。〉

なんということだ！　こんなお粗末なプレーを見に来たのではない。会場から不満と怒りの

（表14） オリンピックでのバドミントン女子ダブルスのメダル獲得国ペア

大会	金	銀	銅
1992バルセロナ	韓国ペア	中国ペア	韓国ペア／中国ペア
1996アトランタ	中国ペア	韓国ペア	中国ペア
2000シドニー	中国ペア	中国ペア	中国ペア
2004アテネ	中国ペア	中国ペア	韓国ペア
2008北京	中国ペア	韓国ペア	中国ペア
2012ロンドン	中国ペア	**日本ペア（藤井瑞希・垣岩令佳）**	ロシアペア

ブーイングが飛ぶのも当然だ。

負けたほうが有利？ 変な話ではないか。問題の根は深いな、と思った。

まずは叱責されるのは選手たち、それを指示した監督・コーチだ。

一戦一戦に全力プレーを尽くし、最後まで〈勝利〉を信じてたたかいぬくのがスポーツマンであるはずだ。それを先の試合を有利にしたいとの思惑で、わざと〈負け〉を選ぶとは……。その怠慢プレー、「ルール違反じゃない」と済まされようか。

かつて、フランス革命に思想的な影響を与えたジャン・ジャック・ルソーは、「**スポーツマンとは正義の人のことである**」と喝破した。つまり、目先の損得にとらわれずに自分の信念を正々堂々と貫き通す人を「スポーツマン」と形容したのであった。時代と環境の違いはあるが、今回のプレーをルソーが見たとしたら、どう言うだろうか？

しかし、選手やコーチだけの問題では済まされないのではないか。「ルール違反ではない」というのだから、競技や試合の方法自体にも「無気力プレー・試合」を呼び込む欠陥があると私は思った。

あらかじめ予選リーグの成績で決勝トーナメントの相手が決まっているのであれば、どっちが有利か不利か、そういう打算が入り込む余地は否定できないだろう。そうみると、ルールのうえでの「無気力行為」は、いくつも事例がある。

古い話では、プロ野球の大打者となった松井秀喜が高校時代、甲子園で5連続敬遠を食らって物議を醸した※。「真っ向勝負のプレーに反する」と指弾されたし、「いや、敬遠は大打者の勲章だ」とみる意見もあった。これもルール違反ではない。勝負上の駆け引きだが、なんともスッキリしなかった。

※松井秀喜五打席連続敬遠：1992年8月16日、第74回全国高等学校野球選手権大会2回戦の明徳義塾高校（高知）対星稜高校（石川）戦において、明徳義塾が、星稜の4番打者・松井秀喜を5打席連続して敬遠する作戦を敢行し、この試合で松井が一度もバットを振ることないまま星稜が敗退した。試合途中から場内は騒然とし、明徳義塾が勝利した後も騒ぎは収まらなかった。

今回のオリンピックでのサッカー女子の予選、日本対南ア戦だっていただけなかった。すでに決勝トーナメント入りを決定していた日本は、〈2位通過でよい〉を暗黙の前提にしてベテランを休ませ、引き分け試合に持ち込んだ。これだと決勝トーナメントは会場を移動することもなく、相手も与しやすいブラジルということになる。意図が見え透いていた。賢い戦法ではあるが、〈**筋書きのないのがスポーツ**〉と楽しみにしている者にはたまらない。だから、そんな見え透いた試合には観客もわざわざ高い金を払って足を運ぶ気になれない。

競技や試合の方法にからんだ「無気力行為」をなくすにはどうするか、〈競技の根本〉にかかわるだけに工夫のいるところだ。この機会に検討すべきではないか。考えてみると、いろんなやり方があることに気づく。例えば――、

○バレーボールやホッケーのように総当たり制にし、一戦一戦がおろそかにできないようにするのもひとつの手であろう。

○決勝トーナメントに入る時に、改めて抽選をし直して組み合わせを決めるやり方もある。

○野球やソフトボールのように得点差がつきすぎた場合、挽回不能と判断して、コールド・ゲームにする方法もある。

○サッカーで3―0の差がついて、ロスタイム3分でプレーを続行するのは、はたして意味があるのだろうか。選手は疲れるだけだ。

選手だけを責めて罰するだけではなく、なぜ、「無気力行為」が生まれるのか、そこにメスを入れるべきではないか。それを怠ってきたようにも思えるのである。

――観客は金を払って満足のいくいいプレー、いいゲームを見たいのである。〈スポーツの母国〉で競技のあり方が問われたのも偶然ではなかろう。

〈その後のことだが、頻発した「無気力試合」を重くみた国際バドミントン協会は検討を重ねた結果、問題防止の方法として、決勝トーナメントに入る際に改めて対戦相手を抽選で決めることで方針を固めたという。賛成だ。やはり競技方法にも問題があったのだ。〉

マラソンはセント・ポール寺院で（八月五日）

■「オリンピックの格言」の場所

女子マラソンの日の朝が明けた。ロンドン・オリンピックの前半を締めくくるレースの中の〝花〟である。

気になるのは天候。気温は下がって涼しいが、雨が落ちはじめ、雷鳴も轟いて荒れている。とてもマラソン日和と言えるコンディションではない。

タフなレース展開になるなぁ～と空を見上げながら、八時過ぎには宿舎を出た。

マラソンを見るなら**セント・ポール寺院**の地点で、と決めていた。オリンピックゆかりの寺院だからである。

ロンドンでの最初のオリンピック、１９０８年の第四回大会では英米が対抗意識をあらわにして勝敗をめぐるトラブルが多発した。それを戒めたのがセント・ポール寺院のタルボット主教であった。

主教は、日曜ミサ――当時は、オリンピックは日曜日は「安息日」ということで競技を中断した――で、「**オリンピックで大事なことは勝つこと以上に参加することである**」とおもむろに説教したのだった。

それを聴いたオリンピックの創設者、ピエール・ド・クーベルタン※が「けだし名言」と感服して、閉会式のセレモニーで紹介した。その後、IOCは「**オリンピックの格言**」として語り継いでいったのである。日本では教科書にも登場した。

※ピエール・ド・クーベルタン：フランス人。1863年1月1日～1937年9月2日。イギリスのスポーツ教育に注目し、1894年にパリでスポーツの国際会議を主宰し、国際オリンピック委員会（IOC）を立ち上げ、近代オリンピック創設を担った。第2代IOC会長。

国別の対抗意識もそうだが、いまは選手個々人の勝負意識にも高いものがある。賞金や報償がかかっており、ドーピング（禁止薬物使用）など不正行為まで使った極端な勝利至上主義もまかり通っている。

「参加」は前提で、ただひたすら「勝利」を――この風潮をどのように是正していくか。「参加」の意義を説いた「オリンピックの格言」は効力を持っているのだろうか、それが発せられた場所で考えてみたかった。

セント・ポール寺院は大きな丸いゴシック調のドームを主塔にしてどっしりと構えてあった。一六六六年のロンドンの大火の後に再建され、一七一〇年に完成した。小高い丘の上からロンドン市街を見下ろす懐の広い寺院には存在感があった。

この寺院で、第二次世界大戦の終結に政治力を発揮したウェストン・チャーチル首相の葬儀が行われ、一九八一年にはチャールズ王太子とダイアナ妃（故人）とがこの寺院で結婚式を挙行した。

ちょうど今日も日曜日、「参観自由」ということで参拝者とともに寺院の中に入ってみた。ポツリポツリと礼服に着替えた信徒たちが足音をたてずに入場して行った。

スポーツ・ウエアにリュックサックというラフなスタイルだったが、咎《とが》められなかった。

かつてローマを旅しローマ法王のヴァチカンに入ろうとしたら、「短パンではダメだ」と制止させられた。この時はそばに居た外国人が紙製の長パンツを譲ってくれて、それを上から履いて難を逃れたが、〈神の前で肌をあらわにしてはならない〉と言った戒律など、非キリスト教徒の自分には存ぜぬ話だ。それがここではなかった。

院内は暗く、ひんやりとして、静寂に包まれている。正面奥のステンドグラスが朝の陽を受けて鈍く光っている。やがて、コーラス隊の合唱が響きわたり、荘厳と深淵とを醸しだしながらミサに入った。

大鐘楼の鐘が打ち鳴らされ、ロンドン市街に大きく、オリンピックを祝福しているように長く、遠くへと轟いた。まったくの異文明の世界に入り込んで、鐘の音の凄まじさに驚かされた。〝破鐘《われがね》〟を聞くようで、気分はバランスを欠いて、目まいでもしているような浮き上がった感覚になった。日本のお寺のおごそかな鐘の音とは違う。

寺院を囲む急カーブの道路の両脇には、観戦客や各国の応援団が湧くように集まってきた。キリン首のテレビの移動カメラが、周辺の光景を撮っている。

応援団はそれぞれが自分の国の大旗・小旗を持ち、応援する選手の横断幕を広げ、観戦のポジションを決めていた。大概は違った国の見知らぬ同士が隣りあった。それでもすぐに仲間になれた。

時折、パトロールで警察官のオートバイが駆け抜けていく。そのたびに沿道から歓声があがる。それに応えて警察官も職務を忘れて手を振っている。テムズ川の河畔でもそうだったが、ロンドン警察は〈市民に親しまれる警察〉に心配りをしているようだ。

親子でベルギーから来た若い日本人家族と親しくなった。仕事の休暇を取って出かけてきたと言う。

「応援している選手でもいるんですか」、

「いや、そうではないんです。マラソンは無料で見られますからね……」。

「息子さんはなにかスポーツをやっているの？」「やっぱり、こっちはサッカーですね。仲間もできますからね」。

マラソン観戦の親しみやすさは〝ただ見〟ができることにある。私なども一九六四年の東京オリンピックでのマラソンを、チケットを買うお金もなく、甲州街道に出かけていって、ビキラ・アベベ（エチオピア）の快走や円谷幸吉の激走を追ったのだった。

激しい雨が石畳にはね、冷え込んできた。リュックサックに入れてきたポンチョ（雨合羽）が役に立った。

■人びとはマラソンに人生を重ねる

「マラソン」は私自身のスポーツ体験のなかでは別格な位置を占めている。

幼少期に、駅伝で全国制覇をして名を馳せた小林高校（宮崎県小林市）※を見て育った性もある。小学校の往き帰りの道にその高校があり、私はグラウンドを覗き込み、練習に打ち込むランナーたちを飽かずに追った。

※**小林高校の駅伝部**：宮崎県小林市にあり、駅伝部は1953年の第4回全国駅伝に初出場（15位）以来、57年の第8回大会で初優勝、その後、50回の出場を誇り（全国1位）、7回の全国制覇を果たしている。マラソンの谷口浩美選手（バルセロナ、アトランタ両オリンピック代表）などを輩出している。

ローマ・オリンピック（1960年）のマラソンを裸足で制した**アベベ・ビキラ**（エチオピア）※は、この時代のヒーローであった。64年の東京大会も連覇したアベベは「哲人」のように42・195㎞を淡々と走り抜けて、疲れを知らなかった。

※**アベベ・ビキラ**：エチオピア人。1932年8月7日～1973年10月25日。オリンピックのマラソンでローマ大会（1960年）と東京大会（1964年）で史上初の2連覇を達成。ローマ大会では裸足で駆け抜けた。1969年3月に自動車事故で下半身不随、身体障害者のスポーツ大会にアーチェリーなどに参加した。

幼少期の駅伝の光景とアベベに憧れて、大学では陸上競技部に所属し、箱根駅伝のランナーを目指した。しかし、いっこうに芽が出ずに、〈孤独の長距離ランナー〉で終わった。

それでもマラソンへの魅力は尽きなかった。自分の体力と意志を信じ、空腹に喘ぎ、冷たい雨の中を痙攣《けいれん》にみまわれながらも、一歩一歩前進し、ゴールをめざすマラソン――そこには、人間の素朴な姿があって、駄馬の私を虜《とりこ》にした。

アテネ・オリンピックでは、名称の由来の地「**マラトン**」に出かけて行き、男女のレースともゴールのパナシナイコ・スタジアムで、しかもゴール地点の真上の席で観戦した。

アテネ大会の女子マラソン。一〇八年前の第一回アテネ大会で採用されたマラソンだが、その当時、この過酷なレースをまさか女性が走り、パナシナイコ・スタジアムのゴールに向かうなんて、だれが信じ予測しただろうか？

２００４年のレースも大変な条件だった。スタートの夕方六時で40度の高温、暑さとのたたかいを強いられた。世界最高記録保持者で優勝候補筆頭と見られていたポーラ・ラトクリフ（イギリス）が、途中で脱落してしまった。

私の隣にはイギリス人の夫婦がいた。婦人はマラソン・ランナーで鳴らしたとそうだ。自国のラトクリフが道路にしゃがみこんで棄権した姿がスタジアムのオーロラ・ビジョンに映し出された瞬間、夫婦は「オォー・マイ・ゴット！」と悲鳴をあげ、落胆した。

ここが勝負どころと、26㎞地点でタイミングよくスパートをかけた野口みずき。金メダルへの快走が続き、オーロラ・ビジョンを独占した。だが……、終盤に入ってヌデレバ（ケニア）がひたひたと追い上げてきた。ゴールまでが遠く長く思えて仕方がなかった。

心配そうな表情をしている私を見て、イギリス人夫婦が「ノグチ、ストロング（強い）。大丈夫だ！」と励ましてくれた。

「マラソンの優勝者には三つも四つも金メダルをあげたい」。長丁場の過酷なレースを勝ち抜いた勇者を賞賛した言葉である。人びとはマラソンを自分の人生に重ねて見てきた。

それがもはや耐久レースの印象はなくなってきている。女子でも2時間15分台で走るスピード時代である。平然と４２・１９５㎞を駆け抜ける姿は驚異にさえ思える。人間の秘めたる能力はどんどん開花し進化している（表15参照）。

スタートの時間が迫ってきた。しかし、雨風は収まらず、スタート地点では雹《ひょう》が降ったという情報も流れてきた。荒天にもめげずに沿道の人だかりは増え続けるいっぽうで、二重三重の人垣ができた。

もう一時間にもなるというのに、セント・ポール寺院の大鐘は止むことを忘れたように鳴り続けている。それにしてもデっかい音だ！

■一つのポイントで最低三回は見れる！

午前十一時、定刻どおりに女子マラソンはスタートした。四十分後にはランナーたちがここにやってくる。

道路警備のスタッフに緊張が走った。ざわめいていた沿道の観衆の声も静まり、悪コンディションを選手とともにする決断をそれぞれがし

（表15）　女子マラソン世界歴代10傑

順位	タイム	選手名	所属	年度
1	2・15・25	P・ラドクリフ	イギリス	2003年
2	2・18・47	C・ヌデレバ	ケニア	2001年
3	**2・19・46**	**高橋尚子**	**日本**	**2001年**
4	2・20・23	魏亜楠	中国	2002年
5	2・20・43	T・ロルーペ	ケニア	1999年
6	2・20・43	M・オカヨ	ケニア	2002年
7	2・21・06	E・クリスチャンセン	ノルウェー	1985年
8	2・21・16	D・ドロシン	アメリカ	2003年
9	**2・21・18**	**野口みずき**	**日本**	**2003年**
10	2・21・21	J・ベイノイト	アメリカ	1985年
10	2・21・21	孫迎傑	中国	2002年

て、自分の観戦ポジションに位置した。

コースは周回コース。これまでのマラソン・コースでは、ワン・ウエイ（片道コース）か、リターン（折り返しコース）が多かった。ロンドン大会はそのコース取りをガラリと変えた。

① バッキンガム宮殿を正面にしたモル通りがスタートとゴール地点。
② トラファルガー通りからテムズ川に沿って走り、コヴェント・ガーデンを抜ける。
③ 街中のセント・ポール寺院、モニュメントを巻いてロンドン塔で引き返す。
④ 再びテムズ川に出て、ロンドン・アイを左手に、ビッグ・ベン、ウェストミンスター寺院を右手に見て、モル通りに返る。

これを3周する。まさにロンドンの名所観光めぐりのコースである。「ロンドン」をテレビで世界に紹介する狙いもあろう。

だが、設定されたコースはやっかいだ。街中の道幅は狭く、鋭角にクネクネと曲がり、路地裏さえある。古い石畳は油断をすると足を取られ、体のバランスを崩しかねない。見通しも悪く、先頭との距離がつかみにくい。選手に観光めぐりの余裕などはない。

しかも、この雨／この風／この寒暖の差だ。どのようなペースで走り、どこでスパートをかけるか、選手にはハードで難しいレースになるだろう。

見る方には応援、観戦のしがいがあるコース・セッティングである。〝ただ見席〟で、一つのポイントだけで最低3回は見ることができる。ワン・ウエイでは1回きり、折り返しコースでは2回しか見られない。

アテネ大会はワン・ウエイだった。退屈した観客たちがスタンドでジェンカやフォークダンスを踊ったりして気分を紛らわしていた。警察犬が勝手にトラックを走り出して、スタッフが捕まえようと追っかけごっこをやった大騒ぎもあった。それもまた楽しい余興のひと時だったが……。

上空に報道用のヘリコプターがバリバリと爆音を立てながら近づいてきた。先導のオートバイがかなりのスピードで走ってきた。トップのランナーたちがそこまでやってきている証拠だ。いっきにレースの雰囲気になり、緊張感が漂った。

沿道の人びとは押し合いへし合いして前のめりになって待ち構える。狭い道幅がいっそう狭くなった。前方から歓声があがり、応援の声が波が押し寄せるようにしだいに大きくなってきた。それぞれの国の小旗が揺れて彩り豊かな波をつくっている。

アッと言う間のトップ集団の通過だった。ペースは早く、リズミカルだ。

狭いコースに三十名あまりがひしめき合っていた。彼女たちの鍛えられた脚は力強く回転して、せめぎ合いながら、黙々と相手を牽制しあっている。そして、アッという間にすぐ前方の角を曲がって走り抜けて消えて行った。悪コンディションなどものともしないしたたかさがあった。

日本選手のユニフォームがチラリと見えた。「ニッポン、ニッポン！」の声援があがった。どの選手なのか判明できないほど速かった。トップ集団との差はさほどなかった。この位置をキープしていれば、これからの展開が楽しみだ。

ランナーたちの体躯はそれほど大きくはなかった。なのに、巨大なエネルギーと強固な意志にあふれている。42・195㎞の長丁場を走りきるには〈小さな巨人〉であることが必然なのであろう。その躍動的なリズムが心地よく伝わった。

歓声や応援の声が連鎖となって選手たちの背中を押して、前へ前へと伝わっていった。

■あらためて「参加すること」の意味を考える

2巡目が来るまでに、四十分ほどの間隔あった。私はセント・ポール寺院の周辺を散策しながら時の来るのを待った。

あるビルの一角に日本語で『わさび』と書いたレストランを見つけた。チェーン店らしい。ロンドンでは日本食が低カロリーということで静かなブームになっているとの情報は得ていた。日本の食文化もなかなかのものだ。

寿司ネタの魚介はどこの海で採れたものか……？　そんな詮索はやめにして、開店したばかりの店に入って、モノはタメシと手ごろなにぎり寿司弁当を買った。セント・ポール寺院の正面玄関の軒端で雨をしのぎながら食したが、まずまずの味だった。

待機時間に退屈する間もなく、マラソンの2巡目がやってきた。動き出したランナーの速さに驚いた。

気温が上がりはじめていた。トップ集団は数人に絞られ、早くもサバイバル（生き残り）レースが展開されていた。相変わらずアフリカ勢の走りには勢いがある。もう20km以上も走っているというのに、彼女たちの足どりは衰えを知らなかった。

日本選手は尾崎好美、木崎良子の両選手が第二集団に位置し、しっかり前を向いて走っていた。ひときわ大きく「ニッポン、ニッポン！」の声援が数ヶ所から掛かった。何人かは浴衣姿の若い女性、近くに日本系の企業でもあるのだろうか。浴衣姿にはもの珍しさはあるが、でも、ロンドンのコンクリート造りの乾いた風景にシックリとは馴染んでいない感じだ。

若い重友梨佐選手の足取りは重く、フォームに力強さが失せ、意志だけで前に進んでいる。調整に失敗したか、経験不足か、それとも気負いすぎたか？

選手の列がバラけ、応援が長く続いた。そのせいだろう、2巡目を見届けたら、待つほどもなく3巡目の先頭集団がすぐにやってきた。周回コースは飽きがこないが、少し間があると思ってのんびり構えていると、ランナーを見過ごしてしまう危うさがある。

トップ争いはエチオピア、ケニア、ロシアの選手に絞られていた。顔には汗が光り、ユニフォームは雨でしおれていたが、足取りは堅実だ。八年前に見たアテネ大会の女子マラソンのランナーたち以上に、風を切るような鋭さがあった。進歩しているなぁ〜！

日本勢ではなんとか木崎が喰らいついて健闘していた。尾崎の力強い走りは鈍っていた。私も、隣に居た日本人家族も、選手の応援団たちも、「ガンバレ、ガンバレ！」と声を張り上げた。

先頭が通過してから三十分は過ぎただろうか。最後のランナーが審判車に付き添われてやってきた。ゼッケン番号からアイルランドのJ・カイトルオナ選手と分かった。顎《あご》はあがり、脚はもつれ、脱水にもがきながら、しかし、一歩一歩と進んでいる。

この時、沿道の応援は国籍の壁を超えて、「カモン、カモン！」の掛け声が前方から後方に向かってこだまのように流れていった。おそらく人垣でつながったその光景はゴールまで続き、**ラストランナー**の背中を押し続けたに違いない。

沿道の人の波――いったいどれだけの人数が声援したのだろうか？　概算をしてみた。

〈42・195㎞（1人1ｍ）×人の列が3列×2倍（両側）＋一万人（ゴールの特設席）＝26万3170人〉

どの競技のスタジアムよりも多くの人びとがマラソンの沿道を埋め尽くし、ランナーを応援し、人間の限界への挑戦を見守り、共鳴しあっている。トップランナーも、ラストのランナーも、また沿道の人びとも《人間の力》を見せつけたのだった。

私はその中にいて、熱いものがこみ上げてくるのを覚えながら、あらためて《参加すること》の意味をかみしめた。

「オリンピックの格言」に言う〈参加する〉は、英語で〈**take part**〉と表記されている。つまり、「構成員になる」という能動的な意味合いが込められているのである。選手も、沿道の観戦者も、レースのスタッフも〈オリンピックをつくりあげている主人公〉なのだ。じかにレースの光景を見て、「そうだ!」と思った。

女子マラソンの優勝はティキ・ゲラナ選手(エチオピア)。タイムは2時間23分7秒のオリンピック新記録であった(表16参照)。ハードなコースと悪天候、どんな条件でもたたかえる真の実力が試されたレースだった。日本選手のトップは木崎選手の16位だった。

■水上バスで聞いた競技役員の苦労話

マラソン・レースがはねて、熱戦の余韻がよどみ、ホッとした気分に包まれた。人びとの列はしだいに崩れていき、散っていった。私もテムズ川へと向かった。歩いても数分ぐらいだっ

（表16）　オリンピック女子マラソンメダリスト一覧と優勝タイム

大会	金	タイム	銀	銅
1984・ロサンゼルス	ジョーン・ベノイト（USA）	2時間24分52	グレテ・ワイツ（ノルウェー）	ロザ・モタ（ポルトガル）
1988・ソウル	ロザ・モタ（ポルトガル）	2時間25分40	リサ・マーチン（オーストラリア）	カトレン・ドーレ（東ドイツ）
1992・バルセロナ	ワレンティナ・エゴロワ（EUN）	2時間32分41	**有森裕子（日本）**	ロレーン・モラー（ニュージーランド）
1996・アトランタ	ファツマ・ロバ（エチオピア）	2時間26分05	ワレンティナ・エゴロワ（EUN）	**有森裕子（日本）**
2000・シドニー	**高橋尚子（日本）**	**2時間23分14**	リディア・シモン（ルーマニア）	ジョイス・チェプチュンバ（ケニア）
2004・アテネ	**野口みずき（日本）**	**2時間26分20**	キャサリン・ヌデレバ（ケニア）	ディーナ・カスター（USA）
2008・北京	コンスタンティナ・トメスク（ルーマニア）	2時間26分44	キャサリン・ヌデレバ（ケニア）	周春秀（中国）
2012・ロンドン	ティキ・ゲラナ（エチオピア）	2時間23分07	クルスカ・ジェプトゥー（ケニア）	タチアナ・ペテロワ（ロシア）

た。

河畔にシェイクスピアのグローブ座があった。行きの機内で《スポーツとシェイクスピア》にちょっぴり興味を抱いたばかりだっただけに、ロンドンの「みやげ話」に覗いてみようかとも思った。だが、所詮は演劇に疎い私、それに英語劇。結局、グローブ座を確認しただけに終わった。「日本語訳」のイヤホン・ガイドがあったかもしれないが……。

それよりも足が向いたのは水上バス（遊覧船）だった。これに乗って、高揚した気分を川風で冷ましたかった。

乗船場は待たずに済んだ。コースはロンドン・アイ（大観覧車）からウェストミンスター寺院に向かうショート・コースにした。

川面を滑るように水上バスは走る。沢山の大小のボートが行き交う。昔から王侯貴族も庶民もテムズ川の舟遊びを楽しんだという。水の流れはあるが、さほど揺れはない。両岸のロンドンの新旧の町並みやそれぞれに意匠の違う橋桁を、川風に触れながら眺めた。それまでの緊張感が溶けるようにほどけていった。

ちょうどひと組の日本人家族が乗り合わせていた。ロンドンで仕事をしている息子さんが、両親を案内しているところだった。親孝行な息子さんだ。父親と話が弾んだ。

「観光ですか?」、

「いや、**日本トライアスロン連合**のスタッフでね。それで来ているんですよ」。

「それはご苦労さんです。競技の合間の気分転換ですか?」、

「ええ。女子の競技が終わりましたからね」。

そして、氏はトライアスロンがかかえる苦労話をしてくれた。

〈健康志向とかエコの風潮に乗って、トライアスロンの愛好者は増えている。日本でもいろんな大会が開催されている。しかし、まだまだマイナーなスポーツ。企業などのスポンサーがなかなかつかないので、そのお願いに企業まわりをしている。〉

〈オリンピックの選手ともなればプロでないと世界には太刀打ちできない。一人で遠泳

（スイム）、自転車（バイク）、ランニング（ラン）をこなさなければならないから、時間も経費もかさむ。トップ選手はポイントを稼ぐために海外のレースにも出場しなければならないから、なおさらだ。〉

〈だが、日本では選手を支える体制も財政的な基盤も十分ではない。私の仕事は少しでも選手や連合の財政負担を軽減することにあるのだが、簡単ではない。〉

「やはりトライアスロンもそうですか……」と、日本の競技環境の貧しさに同情した。

この年の春に、私は夏季オリンピックの競技団体をめぐっていた。なかでも〝弱小〟とみられる競技団体の事情は悲惨だった。強化のための施設の確保、コーチ制度の確立、海外遠征のための財政的な保障などに四苦八苦している話には胸が痛んだ。

口を開けば、「メダルを取れ」とあれだけ大号令をかける政府である。だが、競技力の向上、選手の強化などの施策はきわめて貧しい。そのもとで選手やコーチ、競技団体は頑張っている。まさに〝貧者の奮闘〟である。

これだけ頑張っているのだし、人びとに感動と勇気を与えているのだから、もっとトップ選手の育成・強化に分け隔てなく社会的な支援をはかる必要があろう。ロンドンでの遊覧船の対話のなかであらためて痛感させられた。

「七日に男子のトライアスロン競技がハイド・パークであるので、ぜひ見にきてほしい」。

水上バスを降りる時に、氏に誘われた。それまでトライアスロンの観戦などはまったく念頭にはなかったが、「そうしますよ」と約束した。

折返しを迎えたオリンピック（八月六日）

■「平和」の精神的連帯を誓う日

朝の空に大きな虹が掛かっていた。虹の横には、輝きを失った半月がぼんやりと浮かんでいる。開会式の七月二十七日の時は満月だった。オリンピックは早くも後半戦をむかえた。

テレビのチャンネルを回すと、『NHK world, News』が放映されていた。画面は広島の原爆記念式典を映し出している。八月六日は**原爆記念日**であった。

広島に原子爆弾が投下されて今年で六十七回目。爆撃機「エノラゲイ」による原爆投下の瞬間の映像が流れ、爆心地に近い原爆ドームのもの悲しい姿をズーム・アップした。私が一歳と二か月の時であった。

広島市長の「平和宣言」、小学生による「平和の誓い」が読まれ、献花の模様を報じていた。3・11東日本大震災と大津波による福島原発事故にも目が向けられていた。〈原発ゼロ〉に世論は動きだしている。

二年前に、２０２０年のオリンピック招致に名乗りをあげていた広島に調査に入った。当時の市長の思い入れの強い発案には賛否両論があったが、《**オリンピックと平和**》を考えるうえでひとつの問題提起となった。少なくとも〈首都再生〉を動機にした東京のオリンピック招致よりもメッセージ性があった。結局、財政基盤の脆弱さを抱え、市長の突然の辞意もあって、招致構想は途中で頓挫したのだった。

「ブレックファースト」の店で遅い朝食を取りながら、《オリンピックと平和》に思いを馳せた。

世界を網羅する200余国・地域が参集するオリンピック。そんな交流する姿こそ「平和な世界」の姿ではないか。スポーツが人類を結びつけ、友好と相互理解を促すツールになっていることは確かだ。オリンピックは《**平和の文明**》として根づいてきたのであった。

二度の世界大戦は3回のオリンピックを奪った。１９８０年代の東西軍事体制の緊張はモスクワ、ロサンゼルス、ソウルの大会を傷つけた。

《世界平和なくしてオリンピックはない》。しかし、それだけでは受身すぎるのではないか！常々抱いていた私の思いであった。

大切なのは、〈いかに平和な世界をつくりあげていくか〉であろう。それには、政治の努力とともに「平和」にむけた人間同士の**精神的連帯**を強固にする積極的な努力が必要だ。

国際連合の一機関、ユネスコ（国際連合教育科学文化機関）の「憲章」は、《平和は、失われないためには、人類の知的及び精神的連帯の上に築かなければならない》と前文で謳った。1945年十一月十六日にロンドンで成文化された（**表17**「憲章」前文参照）。

この国際世論に支えられて、〈戦争放棄〉を誓った日本国憲法九条が明記さ

（表17）　国際連合教育科学文化機関（ユネスコ）憲章（前文）

この憲章の当事国政府は、この国民に代わって次のとおり宣言する。 戦争は人の心の中で生まれるものであるから、人の心の中に平和のとりでを築かなければならない。 相互の風習と生活を知らないことは、人類の歴史を通じて世界の諸人民の間に疑惑と不信を起こした共通の原因であり、この疑惑と不信の為に、諸人民の不一致があまりにもしばしば戦争となった。 ここに終わりを告げた恐るべき大戦争は、人間の尊厳・平等・相互の尊重という民主主義の原理を否認し、これらの原理の代りに、無知と偏見を通じて人種の不平等という教養を広めることによって可能にされた戦争であった。 文化の広い普及と正義・自由・平和のための人類の教育とは、人間の尊厳に欠くことのできないものであり、 かつ、すべての国民が相互の援助及び相互の関心の精神を持って、果たさなければならない神聖な義務である。 政府の政治的及び経済的取り決めのみに基づく平和は、世界の諸人民の、一致した、しかも永続する誠実な支持を確保できる平和ではない。よって、平和が失われないためには、人類の知的及び精神的連帯の上に築かれなければならない。 これらの理由によって、この憲章の当事国は、すべての人に教育の十分で平和な機会が与えられ、客観的真理が拘束を受けずに研究され、かつ、思想と知識が自由に交換されるべきことを信じて、その国民の間における伝達の方法を用いることに一致し及び決意している。 その結果、当事国は、世界の諸人民の教育、科学及び文化上の関係を通じて、国際連合の設立の目的であり、かつ、その憲章が宣言している国際平和と人類の共通の福祉という目的を促進するために、ここに国際連合教育科学文化機関を創設する。

※文中の横線は筆者。

れ、原水爆禁止世界大会が起こり、オリンピックは戦後の世界で回を重ねるごとに参加国を増やしてきた（**表18参照**）。「精神的連帯」の継続的な努力がされてきたのである。オリンピックも1948年の第十四回ロンドン大会が戦後の起点となった。

思い出したのは、モスクワ大会の閉会式でロード・キラニンIOC会長＝当時の辞《ことば》だった。氏はイギリス人であった。

「**ホロコースト（大量殺戮＝核戦争）が襲う前に、世界の競技者は団結しよう**」（1980年8月3日）。

この時、ソ連軍のアフガニスタン侵攻で東西の軍事ブロックが極度に緊迫し、核戦争の危機が叫ばれ、オリンピック開催を支えてきた平和の基盤が大きく揺れ動いたのだった。オリンピックの行く末が按じられていただけに、受動的ではないキラニンの辞が勇気を与えた。

2001年の同時多発テロ以降、オリンピックはその〈平和の力〉が試されてきた。

◇「テロ防止」で、アテネ大会では都市防衛だと迎撃ミサイルが配備された。だが、「人間の輪」が勝《まさ》って、テロを許さなかった。

◇スタジアムに入るのにいまも厳重なチェックがやられている。オリンピックには最も似つかわしくない〈必要悪〉をこれ以上続けさせない意思が必要だ。

◇古代のオリンピア祭では〈**エケケイリア**〉——祭りのときは戦争をやめる——が宣せられ

（表18）　戦後のオリンピックの参加国と競技・種目の増大の推移

回数	開催年	開催都市	参加国・地域	選手数	正式競技	種目数
14回	**1948年**	**ロンドン**	**59**	**4064人**	**19**	**151**
15回	1952年	ヘルシンキ	69	5429人	18	149
16回	1956年	メルボルン	67	3178人	17	145
17回	1960年	ローマ	83	5348人	18	150
18回	**1964年**	**東京**	**93**	**5133人**	**20**	**163**
19回	1968年	メキシコ	112	5498人	18	178
20回	1972年	ミュンヘン	121	7170人	21	195
21回	1976年	モントリオール	92	6028人	21	195
22回	1980年	モスクワ	81	5217人	21	203
23回	1984年	ロサンゼルス	140	6797人	21	221
24回	1988年	ソウル	159	8465人	23	237
25回	1992年	バルセロナ	169	9367人	25	257
26回	1996年	アトランタ	197	10320人	26	271
27回	2000年	シドニー	199	10651人	28	300
28回	2004年	アテネ	201	10684人	28	301
29回	2008年	北京	204	11193人	28	302
30回	**2012年**	**ロンドン**	**204**	**10931人**	**26**	**302**

た。いまは国連が1992年のバルセロナ大会以来、オリンピックの開催年に「**オリンピック休戦**」を呼びかけているが、その効力は十分ではない。

思い出すのはアテナ大会の開催に際し、当時のアテネ市の女性市長ドーラ・バコヤンニ氏※が「世界にエケケイリアを」との賛同署名運動を呼びかけたことである。署名は日本国内でも取り組まれ、私も署名者の一人になった。賛同者の名前が意見広告としてオリンピック開催中にアテネで発行された新聞『メトロ』に掲載された。小さく「Seiji・HIROHATA」の名前もあった。それはひとつの精神的連帯の意思表示であった。

※ドーラ・バコヤンニ氏：2002年のアテネ市長選挙で当選した初の女性市長。中道右派の新民主主義党（ND）に所属。2004年のアテネ・オリンピックを主宰し、「世界にエケケイリアを」と呼びかけた。

八月六日――。広島で、ロンドンで平和を祈念し、世界の人びとと精神的連帯を誓う日としよう。まだまだ平和な世界の実現には粘り強い努力が必要だ。

■高いチケット――私どもにも手が出せません

ロンドンに来て明日で一週間、六日目を数えるというのに、いまだにオリンピック公園に行っていない。開閉会式をやり、陸上競技が実施されているメイン・スタジアムに足を踏み入れていないのである。

すでに陸上競技は開始され、昨日（5日）は男子100mでウサイン・ボルト選手（ジャマイカ）が9秒63のオリンピック・レコードで連覇、いちだんと盛り上がってきたというのに……。

これじゃ、ワサビ抜きの鮨《すし》、〈オリンピックには来てもオリンピックは見ず〉ということになりかねない。列車の行き帰りにスタッドフードのオリンピック公園を通過するたびに、虚《むな》しい気分になっていた。いまや、それが焦りになってきた。

「公園」とは言ってもオリンピック公園には気軽に誰もが入れるわけではない。アテネでも北京でもそうだった。メイン・スタジアムなど主要な競技場が集中するオリンピック公園は有料になっていて、そこで実施される競技の観戦チケットがなければ入れないのである。一種のテーマ・パークだがそういう意味ではオリンピック公園は閉鎖的である。ロンドン大会でも、当初は同じ対応であった。それが不評を買った。競技観戦のチケットがなくても、「せめてオリンピック公園に入れるようにしてほしい」との要望が市民から強く出された。

当然の声に大会組織委員会も押されて、特別に公園入場券を発売した。だが、「それもすぐに売り切れてしまった」と、ロンドン在住のGさんから聞いた。

近くて遠いオリンピック公園——。なんとかそこでの観戦チケットが手に入らないものかと、毎日、インターネット販売を探し、ジャーナリスト仲間を通じ、チケットを扱う旅行社に問合せをしていた。

その労が実った。昨日のことだが、朗報が旅行社から届いたのだ。7日のシンクロナイズドスイミングと、8日の陸上競技の観戦チケットが入手できたと言う。2つの競技ともオリンピック公園内である。私は二つ返事で予約した。

さっそく旅行社のある地下鉄ピカデリー・サーカス駅へと直行した。

ピカデリー・サーカスはロンドン一の繁華街。地下鉄の駅を出ると、ロータリーの中央に『エロスの銅像』があり、円形の台座には人待ち顔の若者たちが思い思いに腰掛けている。これからデートして買い物が食事か観劇でも楽しむのであろうか……。

お目当ての旅行社は少し坂を下った、三越ロンドン支店の一隅に小ぢんまりとコーナーを構えていた。

館内はちょっとした日本人街で、おみやげ買いのツアー客で混んでいた。ロンドンまで来て、なんでわざわざ日本の店で買い物を……との見方もあるが、安心感もあり、ホッとできるメリットもある。

旅行社の窓口には、私と同類で観戦チケットを求める客がちらりほらりやって来る。さらにはイギリス国内の旅行相談に来る客もいる。注文は、〈美味いラーメン屋はないか〉から〈ボーン・チャイナ(陶器)が安く買える店を紹介してくれ〉までさまざまである。

なんだか、「日本語」で言いたいことが言えるのを楽しんでいる様子で、スタッフもそれを予測して応じている。日本人の〝やすらぎのコーナー〟と言った感じだ。

予約していた観戦チケットはすぐに手に入った。陸上競技は5000円で済んだが、シンクロナイズドスイミングのチケットは「最前列ですから」と3万5000円もした。オリンピック公園での競技でなければとても買う気にはなれない。

「高っかいね〜」、

「そうなんです。私どもも手が出せません」。

「ほかにチケット、ありますか?」、

「閉会式の入場チケットはありますが、十二万円もするんです」。

社員も私もあきれ顔になった。これじゃ、授業料は高く、就職もできないイギリスの若者たちがチケットを買えるはずがない。

■土地勘を頼りにロンドンをそぞろ歩く

「大英博物館まで歩いて行けますか?」と旅行社の社員に訊ねた。「地下鉄に乗るのが便利ですが、歩いても二十分ぐらいでしょう」と地図を指しながら親切に教えてくれた。

できるだけ地上を歩きたかった。天気も歩くのにほど良い。外を歩けば新しい発見があり、初めての体験や出会いもある。道に迷っても別に構わない。

アテネでも市街をよく歩いた。暑い日差しのなかを、シンタグマ(憲法広場)から商店街のプラカを抜け、アクロポリスの丘を登り、そこから古代アゴラに下り、オモニア広場に出て、国立考古学博物館までを歩いた。ボランティアのガイドに道を聞くと、「歩いて行くんですか？　地下鉄が便利ですよ」と怪訝《けげん》顔で道案内してくれた。

途中で、中国人たちが住み着いているエリアのあるのを知った。考古学博物館の入口では休暇を取ってイギリスからやって来た日本人の実業青年に遭った。「ヨーロッパ文明の源流を知りたいと思って」と青年は語った。

北京でも天安門広場から故宮をぶらりとし、景山公園から市街を一望、北海公園に向かい、渡し舟に乗った。ただ北京は街の一区画が広すぎて面食らった。行けども行けども目的地に着かないのである。地図上の距離と目見当とが大きく狂っていた。

しかし、歩いたおかげで北京では一、二番だと評判の京劇の面づくりの工房が覗《のぞ》けたし、中南海の要人の住む警護のきびしい一角も恐る恐る通過したのだった。公園で遊戯やダンスに興じる集団にも出会った。開発から取り残された胡同（フートン）と呼ばれる貧民街に足を踏み入れ、コンクリートの卓球台で楽しんでいる市民の姿も見れた。

ピカデリー・サーカスを下ると、バッキンガム宮殿の表通り、ザ・モルに出る。それほど道幅の広い通りではないが、かつて女王陛下が馬車に乗って宮殿に入り、将軍たちが凱旋《がいせん》して行った。

ここは昨日の女子マラソンのスタート・ゴール地点である。仮設スタンドはそのままだ。まだオリンピックの最後を飾る男子マラソンが残っている。いまはパイプ柵で人の出入りを遮断して、ひっそりとしている。

モル通りの入口には宮殿へのゲート、巨大なアドミラルティ・アーチ（海軍本部門）が構えている。ヴィクトリア女王（在位1877年~1901年）の治世に建立された。一円に海軍関係の建物が並びたち、王宮を海軍が守っている構図だ。

そこを左折すると、トラファルガー・スクエアである。ナポレオンのフランス・スペイン連合艦隊をトラファルガー沖の海戦※で撃破して戦死した英雄、ホレーショ・ネルソン提督。彼の立像が巨大な4頭のライオン像に守られて建っている。

※**トラファルガーの海戦**：1805年10月にスペインのトラファルガー岬の沖で衝突した、イギリス軍とナポレオン軍との最大の海戦。イギリス軍はネルソン提督の下で激戦を制したが、提督自身は狙撃兵の銃弾に倒れた。

学生時代の体育学の講義で、《トラファルガーの勝利はイートンのグランドで準備された》とのネルソンの演説談を聴いた。つまり、イートン校に代表されるパブリック・スクールでのサッカーやラグビーなどのスポーツ教育が敢闘精神を培ったのだという。体育やスポーツの奨励を強調した伝聞である。

その奥がナショナル・ギャラリー（国立美術館）。前の広場は「国民広場」となっていて、子どもたちが鳩の群れを無邪気に追っている。

美術館の脇を通って、ピカデリー・サーカス通りとぶつかるだらだら坂をそぞろ歩いた。

街の雰囲気はグ～ンと庶民的になる。街路樹が繁り、木漏れ日が射し、涼しげに風が渡る。若者たちはラフな格好でアイスクリームをほおばり、年寄りは足を停めてウインドウの商品を飽きずに眺めている。

いくつもの劇場が立ち並び、『レ・ミゼラブル』、『雨に歩けば』など日本でもお馴染みのミュージカルがかかっていた。『炎のランナー』の公演のポスターもあった。演劇好きの人はたまらないだろうなぁ～。

木陰のある広場では似顔絵師たちが、それぞれの個性あるタッチで筆を動かしている。当代スターのプロマイドを売る露天商も見かけた。さながら東京なら上野公園、フランスならモンマルトルの丘である。

■大英博物館――そこはミイラの陳列展だった

大英博物館（British Museum）は、建物の混んだ街の中にひょっこりとあった。

〝世界の博物館〟だというのに、構えは意外に地味だった。先に通ったナショナル・ギャラリーほどにも、またかつて見たパリのルーブル美術館やアテネの国立考古学博物館ほどにも壮大さを感じなかった。

入場は無料。1759年の開館の当時から一般市民に公開されてきた。北京大会の折に観に行った盧溝橋の「中国人民抗日戦争紀念館」や「中国人民革命軍事博物館」も、パスポートを見せれば外国人なら無料で入れた。

入館すると、正面に古代ギリシャの彫刻家、ミュロン(BC480〜445年)の**円盤投げの真っ白い大理石像**が迎えてくれた。

オリンピックにちなんだ展示か？　かつて、この白亜の彫刻は戦後初のオリンピック、二回目のロンドン開催となった第十四回オリンピック大会のポスターを飾った。

隆起した筋肉に力をためて、いまにも鋭く円盤が投げ出される瞬間がリアルに迫ってくる。私の好きな彫刻のひとつだ。日本で2011年に上野の西洋美術館でそのコピーが公開されていて、観覧したばかりである。

大英博物館をじっくり見るなら一日がかりになるという。

古代から近・現代までの世界の貴重な歴史資料が膨大に収集され、保存され、展示されている。日本のものもある。未公開の遺品も、まだ手をつけていない資料も相当数眠っているという。カール・マルクスが『資本論』を著すのにせっせと通った「マルクスの勉強部屋」もある。

私にはそこまで時間をかけて見るゆとりはなかった。それで、新しく2000年に館内中央部分にできた、吹き抜けの大ホール「グレート・コート」のなかの『エジプト・コレクション』

だけに絞って、そこを目がけて進んだ。

古代エジプトはパラオ（王様）の治世下でレスリング、ポロゲーム、水泳などのスポーツが栄えた。それを伝える王宮の壁画や絵文字（ヒエログリフ）をここ大英博物館は保有しているはずだ。エジプトの「スポーツ」の痕跡に少しでも触れてみたかった。

だが、展示室に入って、少々がっかりしてしまった。

無数のミイラとそれを入れていた古代の棺桶ばかりの陳列なのだ。死者を崇めミイラする行為自体、その保存の高度な技術、棺に彫られた彫刻はすごい人類史的な遺産には違いない。文明化に踏み出した人類の飛躍の証拠としても貴重な史料だ。

その意義は理解できても、私には「ミイラを見に来たのではないのに……」との思いが先立った。そして、棺桶の彫刻に「スポーツ」をモチーフにした痕跡が少しでもないかと、性癖症を丸出しにして必死に嗅ぐようにのぞき込んで探したが、まったくむなしい徒労に終わった。

落ち着かなかったのは、大国の権威と金にまかせたコレクションはあまり好きになれないせいもあった。なんだか略奪品にも思えるし、骨董品の陳列のようで、文明の歴史が粗雑に扱われていることに違和感をおぼえるからである。

その国のものはその国で観たい……。その点では、アテネ大会の観戦の折に地中海のクレタ島に出かけ、「迷宮」と呼ばれているクノッソス宮殿跡から発掘された出土品を保存し陳列していた考古学博物館は、〝地のもの〟として安心して見られた。とは言え、十九世紀の《**考古学の大発見時代**》に、盗掘や倒壊の難を逃れる目的でルーブル美術館や大英博物館が引き取って保管したという点は評価されよう。いま、古代ギリシャの遺品や明治維新に放出した日本の文化財などの返還の運動も起こっているようだ。

考古学的に貴重な遺品とその帰属――この問題に、大英博物館はどんな役割を果たすのだろうか。そんなことに思いを巡らして、満たされない気分を抱いてそこそこに退館したのだった。

■どうした、柔道日本の不振ぶりは？

夜は宿舎に落ち着いて、町を歩いてきた疲れた脚を休めながら、女子サッカーの日本対フランスの準決勝戦をテレビ観戦した。

オリンピック直前の練習マッチではフランスに圧倒された「なでしこジャパン」。その教訓が生きたか、フランスの速い攻撃を許さない堅実な守備が光った。

前半36分に、宮間からのシュート気味のパスを相手のゴールキーパーがハンブルし、つめ上っていた大儀見が倒れながらも押し込んだ。

後半も開始早々に宮間のパスを今度は坂口がヘッディングで合わせた。フランスも積極的にゴールを狙いにいき、1点をもぎっとった。

その後、日本選手の反則でペナルティ・キックを与えてピンチを招いたが、相手のミスキックで助かった。

最後まで予断を許さない緊張したゲーム展開だった。それをなんとか凌いだ「なでしこジャパン」が2―1で逃げ切った。

次は〝夢の舞台〟、決勝である。その相手は、昨年のワールドカップ決勝と同じアメリカである。

日本の女子サッカーはなぜこんなに強くなったのか！

いろいろ要因はあろう。私が思うには、日本サッカー協会の位置づけがはっきりしたことにあるのではないか。プロのJリーグを創設した勢いに乗って、女子サッカーにも目を向け、いち早く独自の強化システムを確立し、チームづくりに意識的に取り組んできてから成果をあげている。そこが、世界に先行しているように思える。

ただ、世界の女子サッカーはいまが発展途上、日進月歩のジャンルだ。どの国もこれから本格的な強化に乗り出してくるに違いない。追い上げ急な世界の女子サッカーだ。この現状を謙虚にみて、日本も「まだまだ道半ば」との思いで取り掛かっていく必要があるだろう。

オリンピックの前半戦が終わった。女子サッカーをはじめ日本選手団は大健闘をみせている。

競泳はメダル十一個と気を吐いた。国内選考会で「オリンピックで決勝に残れる水準」を設定して、熾烈な代表権争いをやってきたことが結果に現れている。

体操も「オリンピックには魔物がいる」（内村航平）と団体総合での金メダル奪還は逃したものの、個人総合では〝絶対的エース〟内村選手が見事な演技を見せて圧勝した。バドミントンとアーチェリーでは女子が大活躍して初のメダルを獲得した。

一方で、お家芸の柔道が不振だった。金メダルは女子57kg級の松本薫選手の1個だけだ。オリンピックの正式競技になった1964年の東京大会から続いていた男子の金メダルはついに途絶えた（表19参照）。

「見事な一本」にこだわる日本柔道だが、世界の「JUDO」は変幻自在の技を仕掛けて、スピード勝負になっている。その風潮を「ポイント稼ぎで見苦しい」と酷評するのは自由だが、その対応に遅れをとり、世界から学ぶ謙虚さを欠いているように思えてならない。

キューバの関係者が私に語ったことが、いまも頭をよぎる。

「日本に練習試合を申し入れたが断られた。事前に日本選手の弱点を知られるのを警戒したようだ。この閉鎖性が日本柔道の遅れの要因になっていないか。」

（表19）　柔道での日本選手のメダル獲得状況
（女子柔道が実施されたバルセロナ大会以降）

階級	バルセロナ 1992年	アトランタ 1996年	シドニー 2000年	アテネ 2004年	北京 2008年	ロンドン 2012年
男子60kg	銅	金	金	金		銀
66kg		銀		金	金	銅
73kg	金	金				銀
81kg	金	銀	金			5位
90kg	銅			銀		銅
100kg			金			2回戦敗退
100kg超	銀		銀	金	金	2回戦敗退
女子48kg	銀	銀	金	金	銅	5位
52kg	銀	銅	銀	銀	銅	初戦敗退
57kg	銅		銅			金
63kg		金		金	金	銅
70kg				金	金	7位
78kg	銀	銀		金		2回戦敗退
78kg超			銅	金	銀	銀
	金2、銀4、銅3	金3、銀4、銅1	金4、銀2、銅2	金8、銀2、銅0	金4、銀1、銅2	金1、銀3、銅3
メダル計	9個	8個	8個	10個	7個	7個
ポイント※	17	18	20	28	16	12

※ポイント；金1＝3点、銀1＝2点、銅1＝1点　（点数は筆者による設定）

世界に勝つには世界を知らなければならない——ミュンヘン・オリンピック（1972年）で初の金メダルを獲得した男子バレーボールの監督、松平康隆氏の信条である。

松平監督は強豪国の東ドイツ、ソ連（いずれも当時）チームを徹底して分析し、日本選手の特性を生かした「一人時間差攻撃」など独創的な戦術・戦法を編み出した。そういう努力と執念が日本柔道界には足りないのではないか。

（2013年が明けて早々に、女子柔道のオリンピック選手を含み十五人が連名で、園田隆二監督をパワーハラスメントがあったと告発し、園田監督は辞任に追い込まれる事件が起きた。それがオリンピックの不成績にも関係したのだろうか。）

オリンピックの後半に入って、どんな競技でどんな選手やチームが活躍を見せるだろうか。そんな予測も話題にしながら、久しぶりに仲間三人が揃ったので街に出て食事をともにした。

ハイド・パークとオリンピック公園（八月七日）

■思い思いのピクニックスタイルで

曇り空の朝、ハイド・パークに急いだ。男子のトライアスロンが実施される。あの「水上バスでの誓い」を果たすためだ。

地下鉄のハイド・パーク・コーナー駅で下車。地上に出ると、すぐそこが公園の入口であった。

バッキンガム宮殿の裏庭、グリーン・パークから続いているグリーン・ベルトである。王立公園の中でも最大で、総面積は約１４０万㎡、東京の日比谷公園の約8・8倍もあるという。〈ハイド・パークには鹿もいた。さらに、柵でかこわれた区画があって、夏の夕暮れどきなどはそのなかに、ときには三百台もの馬車で「立派な貴婦人や紳士がやってきて、ゆっくりと周回しては、たがいに眺め、眺められる」。〉（『一八世紀ロンドンの私生活』から）

すでにハイド・パークからグリーン・パークの両公園にはトライアスロンのバイク（自転車）とラン（ランニング）のコースが敷かれている。マラソン同様にくねくねと曲がって、しかも狭い難コースだ。なかなか追い抜くのが大変だろう。

どうしてイギリス人はこういうハンディを背負う、いじわるなコースづくりを好むのだろう？　みんなが何回も「オリンピック」を楽しむためにか……。

コースの両脇には、湧き出してくるように人びとがやって来て、みるみる長い長い人垣ができていく。思い思いの格好で、いかにも楽しげにウキウキしている。その様子をハイド・パークの壁面に乗って眺めた。

・バギーを引いて来る赤ちゃん連れの若い夫婦。
・サンドイッチや飲み物を入れたバッグを小脇に抱えている女性。
・携帯用のパラソルを肩に担いで急ぎ足で場所探しをしている家族。
・子供を肩車に乗せてイギリスの小旗を振っている親子。
・カラフルなフェイス・ペンティングやタトゥーで飾った若者たち。
・お年寄りも負けじと杖をついて人垣に潜り込んでいる。

まるでピックニック気分である。そんな家族的な光景はアテネ大会でも北京大会でも見かけなかった。なかには芝生に座って、早くもビスケットやチョコレートを食べているグループもいる。

そう言えば……、イギリスの民謡で「ピクニック」という歌があった。〈丘を越え／行こうよ／口笛吹いて／ランラン……♪〉。林に囲まれた広い公園をいくつも持っているロンドン。ピタリと市民生活にピクニックが定着しているのであろう。

ロンドンは公園が多い都市である（表20参照）。公園面積は8000エーカー（約32・5平方㎞）以上、都市総面積の約39％が公園と緑地帯になっていると聞く。

隣りに、一人、黙然と立っているアジア系の老人がいた。声を掛けると、マレーシアの出身だった。仕事をリタイアして、ロンドンに住む息子家族と

（表20）　ロンドン市内にある主な公園

ギルウェル・パーク	ロンドン東部チンフォード、エッピングの森にあり、108エーカーの土地。国際キャンプ場がある。
グリニッジ・パーク	ロンドン東南部にある王立公園。総面積は74ヘクタール。オリンピックでは馬術、近代五種を実施。
ケンジントン・ガーデン	ハイド・パーク西方にある王立公園。総面積は275ヘクタール。ケンジントン宮殿、ピーターパン像などがある。
ハイド・パーク	ロンドンの中心部にある王立公園。総面積は350エーカー。公園内に「スピーカーズ・コーナー」がある市民だれでも演説できる。
プリムローズ・ヒルズ	ロンドンの郊外にある標高78mの小高い丘。ロンドン市街が一望できる。一体はかつてイギリス王室の狩猟場だった。
リージェンツ・パーク	ロンドン北部にある王立公園。総面積は約500エーカー。野外劇場、スポーツ施設がある市民の憩いの場。
リッチモンド公園	ロンドンにある王立公園で最大、総面積は2360エーカー。アカシカなど野生動物が生息。「ヘンリー八世の小山」からロンドン市街が遠望できる。

暮らしているそうだ。ちょうど七十歳になったばかり。「足を悪くした」と持っていた杖で痛む足を指した。

「日本に来たことは？」、

「何回か仕事で行った」。

「どこですか？」、

「四国だ。ウワジマ（宇和島）と言っていたかな。ここのミカンが美味かった」。

「トライアスロンを見に来たのは？」、

「なぁ〜に、家が近いからさ。それに足が悪いから遠くには行けない」。

老人はニタリと笑った。母国マレーシアでオリンピックが開催されるのはいつになるか分からない。かつてイギリスが支配した国から移住してきてオリンピックがじかに見られるのも巡り合わせであろう。存分に楽しんでほしい。

携帯電話で互いに居場所を確認している姿がある。大きな望遠レンズのカメラを据えつけている人もいる。正面に見えるウエリントン・アーチの屋上にも人が登って、ユニオンジャックの旗を振っている。

天気も絶好のピクニック日和になってきた。

■「アイアンマン（鉄人）」はだれなのか？

トライアスロン（triathlon）――ギリシャ語で数字の「3」を意味する接頭辞tri-と、「競技」を意味するathlonの合成語。遠泳と自転車のロードとマラソンのハードな3競技だけを集めて、一人でこなして競うという。

よくこんな過酷な競技を考えついたものだ！　最初の発案も、冒険野郎の興に酔ったうえでの腕試しであった。

1977年、ハワイで、アメリカ海兵隊員達が宴会の席上、「マラソンと、遠泳と、サイクルロードレースのどれが最も過酷か」と議論。結局、比較できず、酒の勢いから「この際まとめてやってみよう」となった。

翌1978年、同地でアイアンマン・トライアスロンが行われた。これがきっかけとなった。この時のレースは距離スイム3・8㎞、バイク180㎞、ラン42・195㎞と制限時間十七時間であった。

日本では「鉄人（アイアンマン）レース」として伝えられた。〝鉄人〟には鉄の鎖を怪力で断ち切る大道芸人の意味合いが込められていたようだ。また、〈スポーツ〉という受けとめ方より、力試し、腕や脚自慢の冷やかしのような受けとめ方があった。

当時は、スポーツ専門家のあいだでもトライアスロン競技は評判が良くなかった。水泳で体を冷やし／自転車で筋肉を硬直させ／マラソンで脱水症状に陥るような競技は、「無謀で、体に良くないし、スポーツとは言い難い」との批判だ。

私も「すごいことをやるもんだ！」との驚きと「スポーツと言えるのか？」との疑問を抱いていた。

ところが、「究極へのチャレンジ」という風潮と、エコロジー志向とに乗って、トライアスロンは爆発的に人気スポーツになっていった。自治体が観光資源の活用とも結びつけて競技会の誘致を競い合ったことも普及と定着に功を奏した。

日本の国内大会だけでも、2012年度をみると北は北海道から南は沖縄県の石垣島まで各地で開催されている。水と島と森林と湖と山岳に恵まれた日本、そして地球の地形――トライアスロンが似合っていた。

1989年から世界選手権大会が開催され、ワールドシリーズが組まれるようになり、ついには2000年のシドニー・オリンピックで正式競技に採用されるまでに定着した（表21参照）。つまり、〈スポーツ〉になったのである。

考えてみれば、「人間の挑戦」としてはしごく当然の志向ではないだろうか。

一人の人間が泳ぎもでき／自転車にも乗れ／長距離も走れる。それは人間の能力として大事な要素であり、多様な能力を開花したいという欲にもかなっている。なにも、人間の能力を一

（表21）　トライアスロンの2012年度世界選手権（ワールド・シリーズ）の開催日程

開催日	大会名	開催国
3月24日～25日	ウィンタートライアスロン世界選手権	フィンランド
4月14日～15日	ワールドトライアスロンシリーズ／シドニー	オーストラリア
5月10日～12日	ワールドトライアスロンシリーズ／サンディエゴ	アメリカ
5月26日～27日	ワールドトライアスロンシリーズ／マドリード	スペイン
6月23日～24日	ワールドトライアスロンシリーズ／キッツビュール	オーストラリア
7月21日～22日	ワールドトライアスロンシリーズ／ハンブルグ	ドイツ
7月29日	ロングディスタンス・トライアスロン世界選手権／ビトリア	スペイン
8月25日～26日	ワールドトライアスロンシリーズ／ストックホルム	スウェーデン
9月29日～30日	ワールドトライアスロンシリーズ／横浜	日本
10月20日～22日	ワールドトライアスロンシリーズファイナル／オークランド	ニュージーランド

種目だけに固定的に考える理由はひとつもないのである。

トライアスロンに慎重だった私もしだいに見方が変わっていった。

２００４年にアテネ大会に行った折に、友人の暮らすレズヴォスというトルコにほど近い島を訪ねた。その友人の紹介で島の商工会議所の若い会頭と懇談した時だった。

会頭は島の産業と経

済の衰退を嘆き、「どうしたらこの島が再興できるか、なにか良いアイデアはないだろうか」と投げかけてきた。

経済や産業に疎い私だが、咄嗟《とっさ》に浮かんだのは《スポーツ産業》だった。

〈レズヴォスは風光明媚だし、地形も変化に富んで、歴史の古い島でもある。交通の面でも空港もあり、港もあってヨーロッパ、アラブ、アフリカから来るのも便利だ。〉

〈ここでヨットレースをやったり、マラソン大会を開いたり、トライアスロンを開催してはどうだろうか。おいしい魚料理やワインが出れば多くの人に喜ばれ、お金も落ちるのではないか。〉

私の思いつきの島興しアイデアを、会頭は「グッド・アイデアだ！　参考にしよう」と喜んでくれた。その後、どうなったか、観光産業に投資できる資本を確保できただろうか……。音信は途絶えている。

■一位でも最後位でもいいじゃないか

男子トライアスロンは午前十一時にスタートした。

ロンドン大会のトライアスロン競技は、水泳1・5km、自転車40km、ラン10kmの合計51・5kmの距離で競いあう。

①〈**スイム**〉はハイド・パーク内のサーペンタイン湖での1周回。
②続く〈**バイク**〉は、公園の内道路からバッキンガム宮殿の前を周り、再びハイド・パーク内道路に戻る平坦基調のコースを7周回。
③そして〈**ラン**〉は、公園内のサーペンタイン湖畔を4周回するフラットなコース。

「えっ、サーペンタイン湖を泳ぐんですか? あんな水が澱《よど》んでいるところを……」。友人の妹Gさんは怪訝《けげん》そうに言っていた。少しはオリンピック競技のために湖沼の水さらいをしたではあろうが、普段は泳げるところではないようだ。

私も同じような意見を持っている。たとえば、横浜で開催されている『ワールドトライアスロンシリーズ』は、〈スイム〉の会場が横浜港湾というのは気になるところだ。廃液が浮き、雑菌が浮游し、衛生上に問題があるように思えてならない。

こうした会場問題は、トライアスロンの文化性と選手の健康問題にかかわるのではないだろうか!

私の見物ポジションはバイク（自転車）の周回コースだから7回は〝ただ見〟ができる。道路から1mほどの高さの石塀に登って観戦することにした。行儀は悪いが、「高見の客」は多く、咎《とが》めもなかった。

やがて先導のオートバイがやって来た。女子マラソンの時と同じだ。しばらく置いて、前方がざわめき始めた。小旗が振られ、口笛が鳴り響き、ウェーブが流れてきた。

スイムを終えて、自転車に乗った選手たちが急カーブを巧みに曲がりながら、猛スピードでウェリントン・アーチへと消えていった。

ちょっと油断すると、ハンドル操作を誤り、車輪がとられ、コースを飛び出してしまいそうだ。集中力を維持しなければならない。競技関係者はトライアスロンのコースとしては「普通だ」と言っていたが、なかなか油断がならない。それでも選手の中には沿道の声援に応えて手を振る者もいた。まだ1周目は余裕がある。

選手たちが過ぎ去った沿道と公園の芝生では、あちこちでフォークダンスが起こっている。いろんな国の旗を背中に掛けた人びとが手をつなぎ、輪を作って、右に左にステップを踏み、歓声をあげながら踊っている。その輪は仲間を呼んでどんどん膨らんでいく。ピクニックは最高潮だ――。

隣のマレーシアの老人がポツリと言った。「これはいい。元気をもらえる。やっぱりオリンピックだ!」。

スポーツを野外ページェントにして、できるだけ多くの人に見てもらい、接してもらう。ロンドン・オリンピックを差配する組織委員会の意図が分かりやすく伝わってきた。

2周目がやって来た。人びとはサッと沿道に集まり、人垣をつくって、声援に力を込めている。選手はまだまだ元気だ。カメラを向けてもアッという間に通り過ぎていく。器用にドリンクを飲みながら走っている選手もいる。

日本の選手の姿も見えた。黙々と前方に向けてペダルを漕いで、流れるように通過していった。ガンバレー！

選手たちの奮闘ぶりを見て、なんだか1位でも5位でも10位でも最後位でもいいじゃないか、との思いになった。みんな、がんばっているのだから……。「鉄人レース」は見れば見るほど尊敬の念が増してくるのであった。それが人びとを惹きつけるのかもしれない。

トライアスロンの魅力はもう一つある。

もともとスポーツは選手と観衆とが一体となって楽しむのが原風景であった。それが「スタジアム」で囲われるようになって、〈見れる者〉と〈見れない者〉が分離して壁ができてしまった。

この壁をとっぱらい、スポーツの原風景への回帰がトライアスロンにはある。これも人気のひとつだと言えよう。

ランに入る前に私はハイド・パークを去った。オリンピック公園での念願の観戦が待っているからである。最後まで応援したい思いを無理矢理断ち切った。

十分とは言えないが、「水上バスの誓い」の義理は果たした。初めてのトライアスロンの観戦を誘ってくれた船上の友に感謝した。声を掛けられなかったら、おそらく……見なかっただろう。

■ついにオリンピック公園に入った！

ストラトフォード――オリンピック公園駅である。これまで国鉄列車で通過ばかりしてきたオリンピックの拠点駅にやっと降り立った。恋焦がれたストラトフォードだ！

地下鉄が入り、国鉄が走り、国際列車の発着点にもなっているターミナル駅である。あちこちのプラットホームから人波が幾重にもなって押し寄せ、あふれ返り、人の列が絶えない。

ボランティアの指示に従ってオリンピック公園の入口へと向かった。もたもたしていると、目の前の**オリンピック公園**に入るまでに時間を取られそうだ。長蛇の列に並んで押し合うのも嫌だ！

以前はこの一帯は都市整備から取り残された下町だったと聞く。オリンピック開催の主会場にするために250エーカーの広大な土地を全面的に整備し、エリアの装いを一新させた。オリンピックと都市開発が結びついた典型である。

当初計画は経費の膨張もあって二転三転したが、最終的にオリンピック公園にできた施設は、①オリンピック・スタジアム、②アクアティクス・センター、③リバーバンク・アリーナ、

④バスケットボール・アリーナ、⑤カッパー・ボックス、⑥ヴェロパーク、⑦選手村となった（表22参照）。⑧それに奇妙な形をしたモニュメントの塔、アルセロール・ミタル・オービット。著名なデザイナーによるものだが、何を象徴しているのかさっぱりイメージがつかめない。

8万人を収容するオリンピック・スタジアムでは、開閉会式典と陸上競技が実施される。選手村は大会後は民間のアパート・マンションに売り払われることになっている。

オリンピックのあとはこの公園一帯は一大スポーツ・センターとして活用される計画だと聞いている。

中央にはテムズ川と結ぶリー川が流れ、公園開発の中で改修された。開会式でサッカーのスーパースター、ベッカム選手がボートで聖火を運んだ。

駅前には新装の商店が軒を並べるアウトレット風のモール街が生まれた。携帯電話やオーディオ・ショップ、装飾品やブランド店、ファッション・カットの店……その高級感が気になった。

もともとが低所得者の地域だったと聞くから、どれだけモール街のショッピングを楽しむ地元人がいるのだろうか。早くも商店関係から「オリンピック公園に入ってしまうと、客は買い物には出てこない」と苦情があがっているそうだ。

オリンピックの規模が巨大化したことで都市開発との結合はどこも苦慮し、財源確保と後利

(表22) ロンドン・オリンピック公園の競技場等の施設

メイン・スタジアム	8万人収容。オリンピックの開閉会式場、陸上競技場に使用。2017年の陸上競技世界選手権大会の会場予定。建設費4億8600万英ポンド。オリンピック後は6万人に縮小し、プロサッカークラブのホームに使用される構想。
アクアティックス・センター	1万7000人収容。オリンピックの競泳、シンクロナイズドスイミング、飛込みに使用。総工費6億900万ポンド。仮設のスタンド「2つの翼」はオリンピック後は撤去され、収容人数2500人に縮小する。
リバーバンク・アリーナ	1万5000人収容。オリンピックではホッケー、パラリンピックではサッカーで使用。総工費は1900万ポンド。オリンピック後は5000席に縮小、イートン・マナーへ移築予定。
バスケットボール・アリーナ	1万2000人収容。オリンピックではバスケットボール、ハンドボール、パラリンピックでは車椅子バスケットボール、車椅子ラグビーを実施。五輪終了後に移築が計画されている一時的な施設。
カッパー・ボックス	7000人収容。オリンピックではハンドボール、近代五種競技、パラリンピックではゴールボールで使用。オリンピックの終了後は多種目に対応するスポーツ施設へと改修され、地域向けの利用やアスリートのトレーニング場に。
ヴェロ・パーク	6000人収容。1マイルロード用コースとマウンテインバイク用トラックを併設、トラック用とBMX用のトラックを備える。オリンピックとパラリンピックの自転車競技に使用。建設費は1億500万ポンド。
選手村	約1万6000人が居住できる。5000席の大食堂(オリンピック時は24時間営業)、フィットネスセンター、娯楽施設、公園を備える。

用で苦戦を強いられている。

〈アテネ大会のイリーニ・オリンピック公園〉 軍事基地を平和利用に替えた。だが、建設にかかった膨大な経費が国の財政悪化の一因となり、公園の維持に四苦八苦している。一部の競技施設は民間企業に転売されたとも聞いている。

〈北京大会の「鳥の巣」などの巨大施設を擁したオリンピック公園〉 広大な森林公園を切り開いて整備した。その一方で、低所得者の生活基盤の整備が置き去りにされたとの批判が出された。

〈ロンドンのオリンピック公園〉 建設には道路や運河などのインフラ整備も含めて1兆円もの巨費が投じられたという。はたしてこの都市計画は住民との合意のもとで進められたのであろうか。

長期の不況、経済の低成長状態を抜け出せないイギリス。「わずか二週間ばかりのイベントに数兆円も投資するのは馬鹿げたことだ」との意見は根づよい、と情報通のD氏は話す。土地を奪われた住民への保障はどうなっているのか、私も気がかりであった。

いま招致運動をおこなっている東京都は、「オリンピック」をテコにして「首都再生」を促進させる目的を隠そうとしない。東京湾の埋立地の開発が思うように進まず、予算も確保できないことから、〈オリンピックに抱き合わせたら、一石二鳥だ〉という発想が見え透いている。

そんなことに思いをめぐらせながら、晴れて入場ゲートをくぐった。

荷物チェック、身体チェックは型どおりだったが、長袖のトレーナーは脱がされた。飲料水のペットボトルは持ち込み禁止、ただリュックに入れたバナナやビスケット、オレンジは、アテネや北京大会と違って大丈夫だった。

そして、ついにオリンピック公園の中に入った——。

■世界からやって来るボランティアたち

《2012 LONDON》との大看板が掛かったアーケードが、オリンピック・ムードを高めている。

正面がオリンピック・スタジアム。左手に斬新なデザインのモニュメント。その先を左に折れると水泳プール。右手奥にはバスケットボール専用体育館。さらにその奥は選手村になっていた。

広いプロムナードを大勢の人びとが右に左に何重もの列をつくって行き交っている。観戦客が圧倒数だが、公園見物の特別入場料を払ってぶらぶらしている人もいる。

スタジアムの正面付近ではオリンピック記念グッズの店／プログラム販売コーナー／イギリ

ス名物の「**ポテト&チップス**」を売っている売店が並んでいる。どこも長蛇の列だ。一角にはスポーツ・クイズのハウスがあって、子どもたちが何回も挑戦していた。まさにオリンピック・パークだ。

ベンチに腰掛けていた老婦人に声をかけたら、ロンドン郊外から娘さん家族と来たと言っていた。

「いや〜、人がいっぱいで疲れるね」。

人ごみを嫌う日本の老人たちと同じ思いに親しみをおぼえた。それでも、「これから陸上競技を見に行くんだよ」と曲がった腰を起こし、娘さんに手を引かれてスタジアムへと向かって行った。

いたる所にロンドン大会のシンボル・カラーであるパープル（紫色）のヤッケを着たボランティアを見かける。〈紫色〉の統一カラーは女王の王冠色だ。彼らはテキパキと道案内をし、「ゲートはどこだ」「トイレはあるか」など細々した相談に気軽に乗っている。

足の悪いお年寄りを介助しながら案内している親切な**ボランティア**も見かける。会場移動に数人の客を乗せたゴーカートも行き交っている。

観戦客といっしょになって肩を組んでジェンカを踊りながら練り歩いているボランティアもいた。サービス精神旺盛だ。〈楽しみはともに！〉と言ったところだろうか！

これまでのところ、「ロンドン大会のボランティアは気が利く」と、人びととの評価は高い。

ロンドン・オリンピックのボランティアは総勢7万人、そのうち3万人あまりが外国から登録してきたと聞いた。いまは大会組織委員会がインターネットで世界から募集している。日本の大学や専門学校では単位取得の研修に位置づけているケースもあるという。

ボランティアの仕事は主に会場・交通案内／高齢者や障害者の誘導／補助審判員／食堂やグッズ店の売り子／選手村の清掃…など、その数800種類にもおよぶ。彼らは「**ゲームズ・メーカー**」と呼ばれている。それが国際色に染まり、「相互理解と友好」を標榜するオリンピックの《生活版》とでも言える交流の世界がつくられているのである。

なごやいだ光景を眺めながら、八年前、アテネ大会のイリーニ・オリンピック公園で会った日本の若い女性ボランティアのことを思い出していた。

あのジェラシック・パークにも似た奇怪な意匠のアーケードを持つオリンピック公園の中程を歩いていた。すると、3メートルほどの監視台の上からメガホンで、「おじさ〜ん、こんにちは」と明るい声が掛かった。

真っ黒に日焼けして、目が輝いている日本人女性だった。そこで、しばし立ち話になった。

「学生さんかい？」、

「いいえ、職場に休暇をもらって来たんです」。

「いつから？」、

「もう1ヶ月になるかなぁ〜」。

「楽しい？」、「うん、すごく楽しい！」。

「どこで寝泊りしているんだい？」、

「仲間と宿舎を取って、そこから通っている」。

「オリンピックが終わったらどうするんだい？」、

「人生観、変わちゃった！　もう少しアテネに居て、それからヨーロッパを回って来ようと思っています」。

「仕事はどうするの？」、「だぶんやめるかな……。もっと自分探しをしてみたい」。

「人生観が変わった」との彼女の言葉が強烈だった。そこには世界の人々との交流のあるオリンピックのボランティア活動が持っている凄さがあった。八年経ったいま、その女性はどういう人生を選択しているのだろうか……？

■最低で最悪の最前列の席だった

水泳プール「**アクアティックス・センター**」はざん新な意匠の建物だった。イラク出身・英国在住の高名な建築家、ザハ・ハディット女史によりデザインされたと聞いた。

プールを中央にして、両サイドに観客席が翼を広げたように伸びている。外観はさながら戦国武者が被る特大の兜《かぶと》に見えた。館内は明るく、ライトブルーに塗ったプール底が鮮やかだ。
・アテネ大会の競泳プールは屋外だった。それが良くて、開放感にあふれ、あかね色に染まった空の色がそのまま水面に映って美しかった。私の席は仮設スタンドの最上段、天井桟敷《さじき》だった。
・北京大会の「国家水泳センター」は「水立方（ウオーターキューブ）」と呼ばれ、水泡をイメージした外観の膜壁が多色の光を放って華やかだった。その灯りを楽しむ人びとで夜更けまでにぎわっていた。

このアクアティックス・センタープールを舞台に、先日まで日本の競泳陣が大奮戦した。残念ながら金メダルはなかったが、連日のメダル・ラッシュで沸き、十一個のメダルを獲得した（表23参照）。はるか昔、〝水泳ニッポン〟と呼ばれていた伝統が蘇ってきたようで活気づいた。

北島康介選手の3大会連続平泳ぎ100m、200mの制覇という快挙は成らなかったが、彼は最後のメドレーリレーで最高の泳ぎを見せて、銀メダル獲得に貢献した。

「個人としては思うような結果を残せませんでしたが、最後の最後で自分らしい泳ぎができてよかったです。チームのために戦って、メダルを取ることができてうれしいです。」（北島選手）

負けて悔いなし——。同じような場面を、アテネ大会で見た。

(表23) 歴代オリンピックでの日本の競泳メダリストたち

大会	金	銀	銅
アムステルダム(1928)	鶴田義行(男200m平泳ぎ)	男4×200mリレー	高石勝男(男100m自由形
ロサンゼルス(1932)	宮崎康二(男100m自由形)北村久寿雄(男1500m自由形)清川正二(男100m背泳ぎ)鶴田義行(男200m平泳ぎ)男4×200mリレー	河石達吾(男100m自由形)牧野正蔵(男1500m自由形)入江稔夫(男100m背泳ぎ)小池礼三(男200m平泳ぎ)前畑秀子(女200m平泳ぎ)	大横田勉(男400m自由形)河津憲太郎(男100m背泳ぎ)
ベルリン(1936)	寺田登(男1500m自由形)葉室鉄夫(男200m平泳ぎ)男4×200mリレー、前畑秀子(女200m平泳ぎ)	遊佐正憲(男100m自由形)鵜藤俊平(男400m自由形)	鵜藤俊平(男1500m自由形)新井秀雄(男100m自由形)牧野正蔵(男400m自由形)清川正二(男100m背泳ぎ)小池礼三(男200m平泳ぎ)
ヘルシンキ(1952)		鈴木弘(男100m自由形)橋爪四郎(男1500m自由形)男4×200mリレー	
メルボルン(1956)	古川勝(男200m平泳ぎ)	山中毅(男400m自由形、1500m自由形)吉村昌弘(男200m平泳ぎ)石本隆(男200mバタフライ)	
ローマ(1960)		山中毅(男400m自由形)大崎剛彦(男200m平泳ぎ)、男4×200mリレー	男4×100mメドレーリレー、田中聡子(女100m背泳ぎ)
東京(1964)			男4×200mリレー
ミュンヘン(1972)	田口信教(男100m平泳ぎ)青木まゆみ(女100mバタフライ)		田口信教(男200m平泳ぎ)
ソウル(1988)	鈴木大地(男100m背泳ぎ)		
バルセロナ(1992)	岩崎恭子(女200m平泳ぎ)		
シドニー(2000)		中村真衣(女100m背泳ぎ)田島寧子(女400m個人メドレー)	中尾美樹(女200m平泳ぎ)、女4×100mメドレーリレー

アテネ（2004）	北島康介（男100m平泳ぎ、200m平泳ぎ）柴田亜衣（女800m自由形）	山本貴司（男200mバタフライ）	森田智己（男100m背泳ぎ）、男4×100mメドレーリレー、中村礼子（女200m背泳ぎ）中西悠子（女200mバタフライ）
北京（2008）	北島康介（男100m平泳ぎ、200m平泳ぎ）		松田丈志（男200mバタフライ）、男4×100mメドレーリレー、中村礼子（女200m背泳ぎ）
ロンドン（2012）		鈴木聡美（女200m平泳ぎ）入江陵介（男200m背泳ぎ）、男4×100mメドレーリレー	萩野公介（男400m個人メドレー）寺川綾（女100m背泳ぎ）入江陵介（男100m背泳ぎ）鈴木聡美（女100m平泳ぎ）松田丈志（男200mバタフライ）立石諒（男200m平泳ぎ）星奈津美（女200mバタフライ）、女4×100mメドレーリレー

競泳女子平泳ぎの２００ｍ決勝だった。田中雅美選手が懸命に追い上げたが、わずかにメダルに手が届かず、４位に終わった。

その時、彼女は一人、競技人生最後のレースに思いを馳せるようにコースロープにもたれ、体をあずけた。夕陽を浴びて彼女の髪が顔がキラキラと輝いて見えて、〝水の妖精〟のように思えた。そして、静かな拍手を誘った。ラスト・ゲームの選手の姿に胸が詰まった。

水しぶきをあげ、声援が響きわたる競泳の喧騒から、いまは優美に〝水中花の舞い〟を見せるシンクロナイズドスイミングのプログラムに移っている。今日のプログラムはデュエットの決勝戦である。

これまでシンクロはテレビでは観ていた

が、じかに競技の舞台を観戦するのは初めてのことだ。未知への好奇心を抱いて館内に入った。右手に最前列で3万5000円もした観戦チケットを大事に握りしめて……。

シンクロの手や足の細やかな使い方が不思議でならない。ちょっとした動きで、体は浮き／左右前後に自由に移動し／旋回し／垂直に沈み／しっかりした立ち泳ぎで空宙にジャンプする。学生時代の水泳の授業で水球の立ち泳ぎを習ったが、上半身を水面から浮かせる動作だけでも大変だった。それだけにシンクロの自在な表現は驚異に近い。

「水中花」あるいは「水中の万華鏡」とも呼ばれる**シンクロナイズドスイミング**。その妙技を〝かぶりつき〟で見られる。年寄りとは思えない弾んだ思いで、何度も案内係に指示を乞いながら指定の座席を探した。


だが……、期待は激しく壊された。『最前列』には間違いないが、シンクロナイズドの演技をやる50mプールははるかに遠く、目の前にあるのは飛び込み台のプールであった。プールはプールでもプールが違うのだ！　視力の衰えを抱える老人には選手の表情など見えるはずもない。

さらに悪いことには、キリンの首のように長いテレビの移動カメラの支柱が視線を遮って、ほとんど選手の演技が見えないのである。まさに〈最前列の死角〉と呼べる最悪の席だった。

「えっ、これが3万5000円もする席なのか?」。開いた口が塞がらず、なんだかサギにあったような不快感がこみ上げてきた。おそらく私の周辺の席では同じような思いを抱いている観客もいるのではないだろうか。

体の半分しか水面から出ないスポーツ——シンクロの会場は観客にその細やかな動きや表現を存分に堪能できるような配慮が必要だ。演技がまともに見えない席まで金を取って観客を入れるのは、〈見るスポーツ〉の楽しさを奪うものだ。

■複雑な井村コーチの内心を思う

くどいようだが、演技の音楽だけが鳴り響き、デュエットの妙技はほとんど見えない、最低の最前列の席だった。

その席での唯一の楽しみは、真下のプールサイドが各国のテレビ局が構える選手のインタビュー・コーナーだったことだ。

演技を終えてホッとした表情の選手やコーチが通りすがり、インタビューを受けるのを身近に見下ろせた。

艶やかで色鮮やかなコスチューム姿の選手たちの体躯は均整がとれ、スラリと伸びた脚、しなやかな腕……、意外に肩幅が広く厚い。それだけ水の抵抗に耐えきれるパワーが必要なのだろう。

中国のテレビ局のスタッフが真下に居た。デュレクターがなにやら小さなモニター・テレビを覗いでいる。何だ？　なんと準決勝進出をかけた女子バレーボールの中国対日本の一戦の報道を見ているのだった。彼もまた見えない演技に退屈しているのだった。

それと気づいた私は、身を乗り出してモニターをのぞき見た。メダル獲得がかかった重要な一戦だった。アジア予選では日本は中国に負けていた。試合はフルセットまでもつれこんだが、日本が逃げ切った。おかげでその瞬間をいち早く知ったのだった（表24参照）。

シンクロを見に来て、バレーボールを観戦するとは……、奇妙な話だ。

（表24）　オリンピック・バレーボールの日本チームの戦績

大会	男	女
東京（1964）	3位	**優勝**
メキシコ（1968）	2位	2位
ミュンヘン（1972）	**優勝**	2位
モントリオール（1976）	4位	**優勝**
モスクワ（1980）	不参加	不参加
ロサンゼルス（1984）	7位	3位
ソウル（1988）	10位	4位
バルセロナ（1992）	6位	5位
アトランタ（1996）	不出場	予選リーグ敗退
シドニー（2000）	不出場	不出場
アテネ（2004）	不出場	5位
北京（2008）	第1次リーグ敗退	準々決勝敗退
ロンドン（2012）	不出場	**3位**

デュエットの決勝は、実力どおり1位がロシア、2位がスペインで、3位に初めて中国のペアが食い込んだ。メダルを狙った日本のペアは5位と届かなかった。プールサイドではライバル同士のロシアとスペインのペアが互いに健闘を称えあう姿があった。世界選手権などでしのぎを削り合ってきた間柄なのであろう。

中国のペアが喜びのインタビューを受けている。その脇には日本人の井村雅代コーチが少し控えめに付き添っていた。おそらく井村コーチは複雑な思いであろう。

いち早く国内でシンクロナイズドスイミングのクラブを立ち上げ、1984年のロサンゼルス・オリンピックから採用されて以降、デュエットで常にメダルを獲得する選手を輩出してきた、指導力に卓越したコーチである。その評価は国際的にも高いものがあった（表25参照）。

ところが、強化方針をめぐって協会側と折り合いがつかずに日本のコーチを辞任、2006年からは中国のヘッド・コーチに招聘されて、その指導力でめきめき実力をアップさせていった。北京大会では団体で3位の日本チームに肉薄する4位に食い込み、今大会のデュエットではついにメダル獲得を果たしたのである。

一方のメダルが途切れて5位に沈んだ日本ペア、乾友紀子・小林千紗両選手は自分が経営する井村シンクロクラブに所属、二人とも井村コーチの教え子であった。皮肉というか悲惨な結果を招いてしまった。

(表25) オリンピック・シンクロナイズドスイミングでの日本選手の成績

大会	ソロ	デュエット	団体
1984ロサンゼルス	**銅：元好三和子**	**銅：木村さえ子／元好三和子**	未実施
1988ソウル	**銅：小谷実可子**	**銅：小谷実可子／田中京**	未実施
1992バルセロナ	**銅：奥野史子**	**銅：奥野史子／高山亜樹**	未実施
1996アトランタ	廃止	未実施	**銅：日本チーム**
2000シドニー	廃止	**銀：立花美哉／武田美保**	**銀：日本チーム**
2004アテネ	廃止	**銀：立花美哉／武田美保**	**銀：日本チーム**
2008北京	廃止	**銅：原田早穂／鈴木絵美子**	５位：日本チーム
2012ロンドン	廃止	５位：乾友紀子／小林千紗	５位：日本チーム

強化方針や方法にかかわる意見の対立は、ほかの競技でも見られることである。どの方針や体制を採るかによって、ガラリと指導内容が変わったり、指導者が入れ替わったりするのは、よくあることだ。それが吉と出る場合も凶と出る場合もあるから、なかなか難しいものがある。時に学閥的な人事抗争が絡むとやっかいになる。

井村コーチのような——愛弟子を蹴落としてライバル国の選手をメダリストに育てる——過酷な体験を負った人も少ないであろう。そんな不幸は繰り返してもらいたくない。

初めてオリンピック公園に入ったというのに、後味の悪い日となった。

スタジアムからウィンブルドンへ（八月八日）

■スタジアムは3Dの立体劇場

昨夜の水泳プールでの嫌な思いを引きずりながらも、朝の八時過ぎに宿舎を出て、ふたたびオリンピック公園へと向かった。

午前中はメイン・スタジアムで陸上競技を観戦する。いよいよ〝本丸〟に乗り込むのである。まだ午前九時だというのに、ストラトフォードのプラットホームから公園のゲートまで人の列がぎっしりつながっている。午前中の陸上競技のプログラムはほとんどが予選種目だというのに……。

8万人をのみこむ巨大スタジアム。開・閉会式がおこなわれ、〝オリンピックの華〟陸上競技で盛り上がる。ここに入らないで「オリンピックを見に行った」とは言えない。

北京大会ではその奇抜な意匠が話題になった「鳥の巣〈国家スタジアム〉」には、観戦チケットが手に入らなくて夏季オリンピックでは入場できなかった。それが心残りにもなって、続いて開催された北京パラリンピックに出かけて行って、二度も〈鳥の巣〉に通い障害者の陸上競技を観戦した。〈鳥の巣〉には栖《すみか》を失ったコウモリが飛び交っていた。

案の定、４５００円の安いチケットの席は天井の屋根に手が届く最上段だった。覚悟を決めていたから、水泳プールの時のようなガッカリ感はなかった。

陸上競技の場合は上の方でも、選手たちはマッチ針のように小さく見えても、走ったり、跳んだり、投げたりする様子は判るものだ。しかもスタジアムいっぱいに繰り広げられる全競技が一望できる。

それを知っているのだろう、スタンドは下から上まで熱心な陸上競技のファンで埋め尽くされている。さすが、イギリスの陸上競技ファンは目が肥えている。

最上段席からスタジアムを俯瞰《ふかん》する。

◇イギリス人の愛花たんぽぽをイメージした聖火台の炎は、今日もメラメラと燃え盛っている。未来を担う若者たちが点火した。

◇両サイドの上部には大型ビジョン〈電光掲示板〉が据えつけられ、実施競技と出場者の紹介、レースや試技のリプレーが映し出される。

◇時折、テレビカメラが観客席にまわって大写しする。それに気づいた観客が「アレ、アレ！」と指差してワァッと歓声をあげる。

◇マイクを持ったパーソナリティ（司会者）が、「今日のお客は幸運だ。世界記録がぞくぞく出る気配がする」と焚きつける。そしてウェーブを促す。野外劇場の始まりだ。

今日の午前中のプログラムは、①男子棒高跳び、②女子ハンマー投げ、③男子十種競技（100m、走り幅跳び）、④男子5000m、⑤女子の800m。いずれも予選である。それらがトラックで、フィールドで、バックスタンドで、矢継ぎ早に実施される。

だから、陸上競技の観戦はなかなかやっかいだ。トラック競技に夢中になっていると跳躍や投てきの瞬間を見そこなってしまう。突然、歓声があがり、その方向に目を転じると、すでにジャンプも投てきも終わっていたりする。

そこを陸上競技好きのイギリス人はよく心得ている。選手の成功や失敗を瞬時に見てとって、あちこちから拍手が湧き、歓声が起こり、落胆の声をあげていた。よほど見慣れていないと、そうはいかない。

上から見ていると、陸上競技は「**空間のスポーツ**」だと思った。

・棒高跳び――ポールを折れんばかりにしならせ、アクロバッティングに体をあずけて5mも上空のバーに挑む。

・ハンマー投げ――サークルを鋭く旋回して飛び出した鉄の鎖は、大きな弧を描きながら游泳し、フィルドを横断する。
・走り幅跳び――ピッチで手拍子を催促した選手は、爆発的に踏切台をたたき、空気をかき分けながら8mも先まで大またぎする。
・地上のトラックではランナーたちが、スピードに変化をつけながら周回してくる。スタンドの歓声も選手を後押ししながら周回する。

なんだか3Dの立体劇場に居るような感じだ。この陸上競技の多様さと立体感がおもしろい。観衆は前のめりになって立体劇場を楽しんでいる。

■日本選手よ、もっと疾走せよ！

目を点にして日本選手の奮闘を追った。やはり同胞たちの活躍ぐわいは気になるものだ。

棒高跳びでは初出場の山本聖途選手が試技に挑んでいた。名前の「聖途」には、「聖火台へ一途に」との命名者の思いが込められているという。1992年生まれ、この年にバルセロナ・オリンピックがあった。みごと聖火台のもとに立った山本選手だったが、残念ながら予選通過のバーは越えられなかった。まだ聖火台に昇る途上だったが、若い彼には大いなる未来があるのだから、そう落胆することもない！

十種競技（デカスロン）には右代啓祐選手が頑張っていた。二日間で①100m②400m③1500m④110m障害⑤走り幅跳び⑥走り高跳び⑦棒高跳び⑧砲丸投げ⑨円盤投げ⑩やり投げをこなす、ハードで多彩な能力が求められる複合競技である。

《バランスの取れた身体能力を培う》とのオリンピックの理想から生み出された競技である。実際はなかなかそうはいかない。〈走〉に長けたタイプもいれば、〈投〉で勝負を挑む者もいる。それが選手の体型にも現れて、十種競技の選手は十人十色である。

後半の種目に入ると、〈神が与えた試練〉でもあるかのような過酷さを伴う。最後の十種目、1500mを走り終わると、敢闘したライバル同士が疲れきった体を互いに抱き起こし、肩を組んで称えあう。この〝ノー・サイド〟の瞬間の光景は名状しがたく胸の深部が痛む。

日本の陸上競技で一人気をはいているのがハンマー投げの室伏広治選手だ（表26参照）。ほかにメダルが期待されているのは男子の100m×4リレーぐらいか？　あとは決勝進出に手が届きそうな選手がいない。

長い長い低迷の続く日本の陸上競技界（表27参照）。なんだかスポーツの軸が失われているような思いになる。

今回の大会は日本が初出場した1921年のストックホルム・オリンピックから、ちょうど百年目。二人の陸上競技選手を送り出したが、成績は振るわなかった。しかし、そこから日本

(表26) ハンマー投げの室伏広治選手の主な戦績

年	大会	場所	成績	記録
2001	世界陸上競技選手権	エドモントン（カナダ）	2位	82m92
2003	世界陸上競技選手権	パリ（フランス）	3位	80m12
2004	**オリンピック**	**アテネ**	**1位**	**82m91**
2006	ワールドアスレチックファイナル	シュトゥットガルト（ドイツ）	1位	81m42
2008	**オリンピック**	**北京（中国）**	**5位**	**80m71**
2011	世界陸上競技選手権	大邱（韓国）	1位	81m24
2012	**オリンピック**	**ロンドン**	**3位**	**78m71**

(表27) 陸上競技に見る日本選手の最近4つのオリンピックの成績（最高位のみ）

種目	ロンドン（2012）	北京（2008）	アテネ（2004）	シドニー（2000）
男子100m	準決勝進出	準決勝進出	予選落選	準決勝進出
200m	準決勝進出	2回戦敗退	予選落選	準決勝進出
400m	予選落選	予選落選	予選落選	2次予選敗退
800m	予選落選	不出場	不出場	不出場
1500m	不出場	不出場	不出場	不出場
5000m	予選落選	予選落選	不出場	決勝15位
10000m	決勝22位	決勝31位	決勝19位	決勝7位
マラソン	6位	13位	5位	21位
110m障害	不出場	予選落選	予選落選	2次予選敗退
400m障害	予選落選	予選落選	準決勝進出	予選落選
3000m障害	不出場	予選落選	予選落選	不出場
4 × 100m リレー	決勝5位	**決勝3位**	決勝4位	決勝6位
4 × 400m リレー	予選落選	予選落選	4位	準決勝進出

20km競歩	18位	11位	15位	27位
50km競歩	10位	５位	失格	36位
走り高跳び	不出場	予選落選	不出場	不出場
棒高跳び	予選落選	予選落選	決勝13位	予選落選
走り幅跳び	不出場	不出場	予選落選	予選落選
三段跳び	不出場	不出場	予選落選	予選落選
砲丸投げ	不出場	不出場	不出場	不出場
円盤投げ	不出場	不出場	不出場	不出場
ハンマー投げ	**決勝３位**	決勝５位	**決勝優勝**	決勝９位
やり投げ	決勝10位	予選落選	予選落選	不出場
十種競技	決勝20位	不出場	不出場	不出場
女子100m	予選落選	予選落選	不出場	不出場
200m	予選落選	不出場	不出場	不出場
400m	不出場	予選落選	不出場	不出場
800m	不出場	不出場	予選落選	不出場
1500m	不出場	不出場	不出場	不出場
5000m	予選落選	予選落選	不出場	予選落選
10000m	決勝９位	決勝11位	決勝13位	決勝10位
マラソン	16位	13位	**優勝**	**優勝**
100m障害	予選落選	不出場	不出場	準決勝進出
400m障害	準決勝進出	準決勝進出	不出場	不出場
3000m障害	不出場	予選落選	なし	なし
４×100mリレー	予選落選	不出場	不出場	不出場
４×400mリレー	不出場	予選落選	不出場	不出場
20km競歩	11位	14位	40位	不出場
走り高跳び	不出場	不出場	不出場	決勝11位

棒高跳び	予選落選	不出場	予選落選	不出場
走り幅跳び	不出場	予選落選	予選落選	不出場
三段跳び	不出場	不出場	不出場	不出場
砲丸投げ	不出場	不出場	予選落選	不出場
円盤投げ	不出場	不出場	不出場	不出場
ハンマー投げ	不出場	不出場	予選落選	なし
やり投げ	予選落選	不出場	不出場	不出場
七種競技	不出場	不出場	決勝28位	不出場

※ゴシックはメダル獲得

の陸上競技界は奮起していった。

○初出場から十六年目、1928年のアムステルダム大会（オランダ）では三段跳びで織田幹雄選手が日本人初の金メダルを獲得した。

○次のロサンゼルス大会（1932年）では南部忠平選手が、その次のベルリン大会（1936年）では田島直人選手と三段跳びで3連覇を遂げた。

○走り幅跳び、棒高跳びでもメダリストが生まれた。戦前は「陸上ニッポン」とまで呼ばれた。しかし、戦後はマラソン以外の種目は振るわなかった。伝統の跳躍もそうだが、これまで短距離でファイナリスト（決勝進出者）になったのはいくつもない。

①東京オリンピック（1964年）での女子80mハードル（当時）の依田郁子選手。

②バルセロナ大会（1992年）での男子400mの高野進選手。

③北京大会（2008年）でみごと3位入賞を果たした

男子4×100mリレー。

世界は男子100mでウサイン・ボルト選手（ジャマイカ）が9秒58の快記録で走っている。それに対して日本記録は10秒00、いまだに10秒の壁を突き破っていない（表28参照）。

陸上競技に元気がなければスポーツ界全体に弾みがつかないように思えてならない。なんと言っても《**走・跳・投**》は人間の身体能力の原点だからだ。

低調の原因はどこにあるのだろうか？「運動能力の高い青少年がサッカーや野球に取られてしまっている」との嘆きが聞こえるが、「ここが陸上競技の凄いところだ」という魅力のアピールも聞こえてこない。

私なんかもそうだった。中学時代に少し足が速いからと陸上部に入ったが、ただ走る練習だけでは飽きがきて、「バレーボールの方が面白そうだ」と転部して行った口である。陸上競技の〝凄さ〟を伝える指導者がいなかった。そこをなんとかしなければ……。

イギリスの選手の活躍で沸き返るスタンドに居ながら、「日本よ、疾走せよ！」とつぶやいていた。

（表28）陸上競技（トラック種目）にみる世界と日本の記録
※（　）は樹立年。上段＝男、下段＝女

種目	世界記録	日本記録	タイム差
100m	9秒58（2009）	10秒00（1998）	0秒42
	10秒49（1988）	11秒21（2010）	0秒72
110障害	12秒80（2012）	13秒39（2004）	0秒59
100障害	12秒21（1988）	13秒00（2000）	0秒79
200m	19秒19（2009）	20秒03（2003）	0秒84
	21秒34（1988）	22秒89（2010）	1秒55
400m	43秒18（1999）	44秒78（1991）	1秒60
	47秒60（1985）	51秒75（2008）	4秒15
400m障害	46秒78（1992）	47秒89（2001）	1秒11
	53秒43（2003）	55秒34（2011）	1秒71
800m	1分40秒91（2012）	1分46秒16（2009）	5秒25
	1分53秒28（1983）	2分00秒45（2005）	7秒37
1500m	3分26秒00（1998）	3分37秒42（2004）	11秒42
	3分50秒46（1993）	4分07秒86（2006）	13秒40
3000m障害	7分53秒63（2004）	8分18秒93（2003）	25秒30
	8分58秒81（2008）	9分33秒93（2008）	35秒12
5000m	12分37秒35（2004）	13分13秒20（2007）	35秒85
	14分11秒15（2008）	14分53秒22（2005）	42秒07
10000m	26分17秒53（2005）	27分35秒09（2001）	1分17秒56
	29分31秒78（1993）	30分48秒89（2002）	1分17秒11

■「グッド・ルーザー」の言葉が生まれた

陸上競技の観戦は午前中で切り上げた。夕方からの観戦は入れ替え制になっていて、そのチケットを持っていなかった。しかも、決勝レースの多い夕方の観戦チケットの料金は割り高で手も出なければ、ゲットするのも難しい。

そこで、五日までテニスの熱戦が続いていたウィンブルドンに行ってみることにした。あの全英オープンのセンター・コートに立ってみたかったたし、そこにある『ウィンブルドン・ローン・テニス博物館』をぜひ見ておきたかった。観戦チケットなしでも見れると判断した。

ウィンブルドンはロンドンの南の郊外にある。市街を斜めに横切る感じだ。ストラトフォード駅からそのまま地下鉄一本で行けるのが便利だ。しかも、今日は陸上競技観戦のチケットを持っていたから、チケット付き「トラベルカード」で乗り降りできる。

日本の錦織圭選手らが活躍するプレーをセンター・コートで見られたら、どんなに嬉しいだろうか……。そう思って観戦チケットをインターネットや旅行社を通じて求めたが、プレミアがつくほど人気のテニス、とっくに売り切れていた。錦織がこの大会でベスト八に入る大健闘を見せただけに残念だった。

今回、なんと言ってもセンター・コートを熱狂させたのは、男子シングルスで自国イギリスのプレーヤー、A・マレー（英国）の活躍だった。決勝で今年の全英オープンの覇者で第1シードのR・フェデラー（スイス）を6－1、6－1、6－4のストレートで破り、地元英国に悲願の金メダルをもたらした。

その瞬間にA・マレーは新たな〈ウィンブルドンの神話〉となった。

アテネ大会の時に、幸運にも女子シングルス決勝のチケットが手に入った。イリーニ・オリンピック公園のテニスコートは真新しく、私の席は選手のファミリー・ボックスに近い特等席だった。

日が落ちて、コートをカクテル光線が照らし、雲ひとつない空に掛かった月を眺めながら、夜が更けるまで白熱したプレーを追った。なんだか野外劇場に居る幻想的な気分だった。

ウィンブルドンで**全英テニス選手権大会**（全英オープン）が始まったのは1877年である。オリンピックの第一回大会が1896年だから、それよりも十九年も早い。テニスの四大大会《グランドスラム》のなかでも最も古い歴史を誇り、ウィンブルドンはテニスの〈メッカ〉と呼ばれている。

① 全英オープンが1877年／6月末～7月上旬開催。
② 全米オープンが1881年／8月末～9月上旬開催。
③ 全仏オープンが1891年／5月末～6月上旬開催。

④　全豪オープンが1905年／1月後半開催。
オリンピックでテニスが最初に実施されたのは1908年のロンドン大会であった。やはりロンドンはテニスにゆかりの深い地である。

全英オープンの正式名称は「The Lawn Tennis Championships on Grass」。主催はオールイングランド・ローンテニス・アンド・クローケー・クラブ、と長々しい。同クラブが所有するのがウィンブルドン・テニスコートである。


テニスの世界には有名な「**グッド・ルーザー（すばらしき敗者）**」という言葉がある。このウィンブルドンから生まれた。チャンピオンと大熱戦を繰り広げて惜敗したプレーヤーを称えるほめ言葉だ。

ちょっと素敵な言葉ではないか、グッド・ルーザー！　勝者のみが称賛されがちな世界だが、よきライバルがあっての勝者なのである。いまではフェアプレーの代名詞としてスポーツ界全体で使われている。

■その時、日本にテニスが上陸していた

私がウィンブルドン・テニスに関心を強めたのは、以前、『スポーツの日本上陸』にかかわ

る歴史を追ったことからだった。

いつ、どのようにスポーツは日本に上陸したのか、その由来を探った。それは、ペリー総督率いるアメリカ艦隊の来航がきっかけだった。つまり、ちょっと比喩的に言えば「黒船に乗ってスポーツは運ばれてきた」のである。

１８５４年に日米和親条約が結ばれて鎖国体制が崩れ、横浜や神戸が開港された。開港地には**外国人居留地**が設けられ、欧米から領事館吏／軍人／貿易商人／起業家／土木・水道・鉄道など〈おやとい〉と呼ばれた技師たち、そしてその家族が続々とやってきて住みついた。

なかでも横浜は四方の海に乗り出していたイギリス人が多勢を占めた。

横浜の居留地はいまの関内、石川町、山手、根岸、本牧におよび広大であった。そこには練兵場、射撃場、競馬場、公園を備え、居留地外国人による参事会が自治権を持って管理・運営した。

この居留地で外国人たちは競馬／射撃／クリケット／テニス／サッカー／陸上競技／ヨット／野球／水泳などを楽しみ、好きな仲間同士でスポーツクラブを結成した。神戸では六甲山の麓でゴルフがおこなわれた。居留地はスポーツの拠点であった。

横浜居留地での主なスポーツクラブの結成年をあげておこう。

１８６５年（慶応１）**横浜ライフル協会**（ＹＲＡ、射撃）

１８６６年（慶応２）**ラケット・コート・クラブ**（ＲＣＣ、テニス）／横浜レースクラブ（ＹＲＣ、競馬）
１８６８年（明治１）**横浜クリケット・クラブ**（ＹＣＣ、クリケット）／横浜競漕クラブ（ＹＲＣ、ボート）
１８７３年（明治６）**横浜アマチュア・アスレティック協会**（ＹＡＡＡ、陸上競技など）／横浜カヌークラブ（ＹＣＣ、カヌー）
１８７５年（明治８）**横浜フットボールクラブ**（ＹＦＢＣ、サッカー）／横浜ベースボールクラブ（ＹＢＢＣ、野球）
１８７６年（明治９）**レディース・ローンテニス・クリケット・クラブ**（LLTCC、テニス、クリケット）

驚くべき渡来の速さだ！　当時、欧米で人気を博していたスポーツのほとんどが電撃の速さで日本に上陸し、スポーツクラブが結成され、プレーがやられているのである。イギリスからは遥かに遠く《ファー・イースト（極東）の国》でありながら、ほとんど時間差がなく伝播してきているのだ！

ウィンブルドンで全英テニス選手権が１８７７年に始まるその前年に、日本でも在住外国婦人たちではあったが、本国と同じロング・スカート姿で優雅にラケットを振っていたのであった。

当時の模様を知るには、いまも横浜・石川町から急坂を登りつめた所にある山手公園のテニスコートをのぞきに行けばよい。

テニスコートの入口には、「**日本テニス発祥の地**」の碑があり、その奥に「横浜山手テニス博物館」がある。いかにもイギリス風のクラブハウスの建物の中に入ると、古いラケットが展示され、当時のプレースタイルをした人形が飾ってある。それを見れば、イギリスのテニスクラブとの交流やウィンブルドンとの関係がつかめる。

ウィンブルドンに『テニス博物館』があることを知って、ぜひテニスの伝播と交流の歴史を確認したいと思った。ひょっとしたら、横浜居留地などでのテニスの模様が見たこともない絵や写真で展示されているかもしれない。歴代の日本選手たちのウィンブルドンでの活躍が記録されているに違いない（表29参照）。それが私を無性に〈メッカ〉へと駆り立てた。

■「遠い日本から」の方便が通じなかった

ウィンブルドンの最寄り駅、サウス・フィールドは小さな郊外の町であった。

全英オープンで世界から大勢のファンが押し寄せるのに似つかわしい華やかさはなく、駅も街もひっそりとしていた。〈メッカ〉とは意外にそういうものなのかもしれない。

（表29） ウィンブルドン全英オープンでの日本選手の活躍の足跡

1920年（大正９）	清水善造が日本人初のウィンブルドン出場。オールカマー制度の決勝（現準決勝）に進出。
1921年（大正10）	清水善造がウィンブルドンでオールカマー制度準決勝進出。世界４位に。
1931年（昭和６）	佐藤次郎が全仏ベスト４。ウィンブルドンでベスト８進出。
1932年（昭和７）	佐藤次郎がウィンブルドンでベスト４進出。
1933年（昭和８）	佐藤次郎がウィンブルドン単ベスト４、複では布井良助と組んで決勝進出。世界３位に。
1934年（昭和９）	三木龍喜がウィンブルドン混合でドロシー・ラウンド（英）と組んで優勝。４大大会日本人初のタイトル。
1969年（昭和44）	沢松和子が全仏、ウィンブルドンの両ジュニアで優勝。
1975年（昭和45）	沢松和子がウィンブルドン複でアン・キヨムラ（米）と組んで優勝。
1995年（平成７）	松岡修造がウィンブルドンで日本男子62年ぶりのベスト８進出。
1996年（平成８）	伊達公子が日本女子初のウィンブルドン・ベスト４進出。
2002年（平成14）	杉山愛が、ウィンブルドンでキム・クライシュテルス（ベルギー）と組んで準優勝。
2003年（平成15）	杉山愛が、全仏とウィンブルドンでクライシュテルスと組んで優勝。
2004年（平成16）	杉山愛がウィンブルドンで96年伊達公子以来日本女子史上２人目のシングルス・ベスト８に進出。
2012年（平成24）	錦織圭がウィンブルドンでのオリンピック・テニスの男子シングルスでベスト８に進出。

アテネ大会に行った折に**マラトンの村**を訪ねた。市街から1時間もバスに揺られて向かった。

マラトンは、鶏が餌《え》をついばみ、ヤギが草を食む、埃《ほこり》まみれの寒村であった。オリンピック用に仮設のスタート・ゲートと、日本企業が出資して設置したプレハブ建ての仮設の「マラソン博物館」がポツリとあるだけだった。とても世界に知れ渡っている〈マラソン〉の由来の地の様子ではなかった。

日本なら『マラトンまんじゅう』とか、『マラトンだより』とか、『マラトンに行ってきました』などと銘打ったお菓子を売るみやげ店が軒を並べてにぎにぎしくなるのだが……。

どのバスに乗ったらウィンブルドンへ行けるのか？　ちょうどバス停には作業着をまとった三人の若者がいた。

「ウィンブルドンのテニス・コートに行きたいんだが」、

「あぁ～僕らも作業でウィンブルドン・コートに行くところなんだ。一緒のバスに乗ればいい。案内してあげるよ」。

「博物館も見たいんだが……」、

「ＯＫだ。ミュージアムもコートの中にあるよ」。

ついている、ついている。声は掛けてみるものだ。人は頼りにするものだ。知らないことはいいことだ。人の情けは万国共通だ！

十五分ほどバスに乗って、街を離れ、雑木林の道をくぐると、「ここで降りますよ」と若者から声が掛かった。三人の後ろ姿を追いながら歩いた。彼らは足早で、私は顎を上げて食らいついた。

やがて金網づたいにウィンブルドン・テニスコートが現れてきた。一段高いスタジアムが第一コートで、その奥にセンター・コートがある。

ついにやって来たテニスの聖地！　おそらく、メッカにたどり着いた巡礼者の心境に近いだろう。これで横浜とウィンブルドンとが結ばれる！

そして、正面ゲート。若者が「ここが入口。僕らは作業で入れますが、一般の人が入れるかどうか？　ちょっと聞いてみます」と言って、入場者をチェックしていた守衛員に〈日本人〉の来訪の事情を説明してくれた。

しかし……返事はそっけなく「ノー」であった。理由は、「いまはオリンピックの競技が終わった後片付けと芝生の手入れで慌ただしい。一般人は入れないことにしている」と言い、両手でバッテンを作った。

たしかに、荷物車やゴミ収拾車がコートの敷地内を忙しげに行き交っている。若者たちもその作業員であった。一般人にウロウロされては作業がはかどらないし、危険だ。

せっかくここまで来て、すんなりと引き下がるのも悔しい。「せめて博物館を見たいのだが……」と何回も懇願してみた。だが、それでも「クローズド（閉館）だ。スタッフも居ない」と融通が効かない。目の前に博物館はあるのだが、手も足も出ない。触れることさえできない。

広州のアジア競技大会（2012年十一月）のボート会場でこんなことがあった。

地下鉄とバスを乗り継いで、2時間以上も掛けてやっとの思いでボート会場に着いた時にはもうレースは終わっていた。すでにボート・コースは閉鎖され、大会関係者と警備員がいるだけだった。まだ午前十一時を回ったばかり、競技はこんなに早く実施されるのか……？

このまま引っ返すのもしゃくだ。そこで大会関係者をつかまえて、「遠い日本から来たんだ。コースだけでも見せてくれないか」と粘ってみた。初めは、ダメダメダメの一点張りだった。それでも必死に懇願したら、責任者が出てきて「十五分間だけならコースの見学を許可しよう」となった。自慢の人工のコースを見たいとの熱意が届いたのだった。

「遠い日本から……」はなかなかの方便なのだが、それが今回は正真正銘の「遠い日本」でありながら通用しなかった。

■長かった騒動はここでは終わったよ

そもそもウィンブルドンのテニス・コートは《キングス・オフ・コート》である。センター・コートの芝生は、年に一度の全英オープンにしか使用されてこなかった。

いまは屋根付きになっているが、変わりやすいロンドンの天気、雨がやってくれば、ボール・ボウイたちがいっせいにシートを広げ、芝生をカバーする。その手際良さがウィンブルドンの名物にもなっている。

一ヶ月もの熱戦で芝生は削り取られ、はげ落ちる。最高の優勝決定戦を凸凹のコートでやるのだから、プレーヤーはバウンドのイレギュラーに苦しむ。「最高の試合を最高の条件で」というのが普通だが、そうではない常識破りの非合理性がウィンブルドンのテニスだ。そこが面白いのだろうが、〈イギリス人は合理的だ〉との先入見を持っていただけに理解に苦しむところでもある。

その《キングス・オフ・コート》でオリンピックの競技が実施された。異例中の異例だ。しかも荒れ果てた芝の張り替えが1ヶ月以上も遅れるのだから、管理クラブにとってはヒヤヒヤものだったに違いない。

それだけ、イギリスのスポーツ界が垣根を越えてオリンピックの成功に一致団結して熱を入れて協力したという証拠ではあるのだが……。だから、現状復帰のためのコートの閉鎖というのも理解できないわけではなかった。

ただ、私と同じように事情知らずに訪れてきた人びとも少なくなかった。作業に邪魔にならない程度に博物館（ミュージアム）だけでも開けてほしかった。なんだ、この融通のなさは……。テニスファンが逃げるぞ！

仕方なく**「ウィンブルドン・テニス博物館」**の看板の掛かる前で、〈ウィンブルドンに行ってきました〉と証拠写真を撮るだけで引き返さざるを得なかった。

きっとインターネットで「ウィンブルドン」を検索していれば、「工事のためクローズド〈閉鎖〉」と出ていたに違いない。ただそれを見たとしても、私は足を運んだだろう。

門前払いを食らって、「思い出とみやげ話が一つ減った」と少々気落ちした。だが…そこは旅人、「ままあることだ」と切り替えて、ウィンブルドンの界隈をぶらぶらと散策することにした。

歩き始めると、ウィンブルドンの一帯は広いゴルフ場と雑木林のある公園になっていた。垣根越しに覗いて見たら美しく整備された芝生のコースで、カートを引いたゴルファーたちがプレーを楽しんでいた。

イギリスのパブリックのゴルフコースは、「ともかく安いですよ」と情報通のD氏が言っていた。3000円程度の安料金でたっぷり楽しめるという。ゴルフは大衆スポーツでもあるのだ。日本ではパブリック・コースでさえ1万5000円ぐらいはかかる。しかも、コースはブッシュが伸び放題で、農薬が撒き散らされている粗悪なものだ。

ゴルフが庶民のスポーツとして根づいている国である。四年後のリオデジャネイロ・オリンピックでは正式競技に採用される。

公園の一部はオリンピック観戦用の大型バスなどの駐車場になっていたようだ。不安定な天候で雨も降ったせいか、車の轍《わだち》が深く、幾重にも付いていた。撤収と修復作業が忙しくすすんでいる。

手持ちぶたさの交通整理員に「ご苦労さん」と声を掛けたら、「もう、ここでの騒動は終わったよ」とホッとした表情で返事が戻ってきた。全英オープンからオリンピックまで三ヶ月あまりの長丁場、小さなボックスでの差配で疲れきっているのだろう。

整然とした住宅街を歩く。子どもたちがサッカーボールを蹴ってはしゃいでいる。家の塀塗りをしたり、庭の植木を裁いている大人たちがいる。乳母車を押して買い物に出かけている若い母親も見かけた。どこにでもある街の光景だ。この閑静な街が、ウィンブルドン・テニスの開催時期に人波でざわめくのであろう。

突然、「駅に行くにはどっちに行けばいいのか」と、通りすがりの東洋系の人に訊かれた。

私は人の流れやバズの進行から瞬時に判断して、「アッチですね」と自信たっぷりに教えてあげた。

北京大会でも街を歩いていたら、地方から出てきたという中国人グループから北京市民に間違えられて「天壇はどっちか」と訊かれて、指差しで案内してあげた。土地勘には自信があった。

サウス・フィールドの駅前で、ハンバーガー店を見つけて一休みした。忙しく働く店主がポテトフライを山盛りにしてサービスしてくれた。それで徒労の思いが少しやわらいだ。

事情の分からない外国での思いつきの旅はいくつもハプニングがあるから無駄足も多い。だが、それもまた面白いのである。

ウェンブリーで女子サッカー決勝（八月九日）

■「モナリザの微笑み」をくれた韓国選手

快晴の朝だった。灼熱の暑さはなく秋口の爽快さがあった。庭のゆうかりの木ではつがいのリスが枝渡りをしていた。

夜遅くまで取材と記事書きで奮戦している仲間二人も起きてきて、パンとハムエッグと野菜サラダで朝食をともにした。

話はもっぱら、今夜の女子サッカーの決勝戦の予想と戦力分析だった。昨年のワールドカップと同じ日本対アメリカのカード、凄いことになった。大方の予想は、アメリカが雪辱に燃えているだけに優勢だろうということだった。

オリンピックではメダルを取れていなかった「なでしこジャパン」だが、今回は悪くても銀メダル、すでに達成感があって「なにがなんでも金メダル」という執念に欠けるのではないかと心配した。

それに、澤選手がワールドカップほどの調子が出ていないのも不安材料だ。一年前は、得点王に輝き、最優秀選手（MVP）にも選ばれ、彼女の存在感は格別だった。その後、体調を落として、しばらく第一線からも離れていた。復帰してからも徐々に調子は上げてきたとはいえ、体のキレやスピードにいまひとつ課題を残していた。

新キャップテンの宮間あや選手への期待が膨らんでいた。ただI氏はきびしい注文をつけていた。

「宮間のフリーキックの精度は抜群なのだが、ドリブルで上がっていったり、相手を抜いたときのパスがいまひとつ正確さを欠いている。彼女の出来具合が試合のカギを握っている。」

さらに、ワールドカップの時に川澄奈穂美選手のような鮮烈なデビューを果たした若い選手が不足していた。川澄自身も調子が上がっていなかった。きびしくマークされている性もある。心配すれば、あれもこれもと気になった。

「まぁ〜、日本がしっかり守れば勝機が出てきますよ」とK氏の発言で、勝手な詮索はやめにした。

K氏は決勝の観戦チケットを持っていたので、直接、ウェンブリー・スタジアムに出かけて行くことになっている。I氏はウサイン・ボルトの快走をメイン・スタジアムに見に行き、夜は宿舎にもどってテレビでサッカーを観戦する予定だ。

チケットのない私もテレビ観戦しかないと思っていた。


夜までの時間を有効に使うことに決めた。

まずは、明日はマッチ・ウェンロックまで遠出をする計画だったので、その長距離列車の切符を買いに国鉄の起点駅まで出かけることにした。その足で、旅行社から十二日、最終日のレスリングの観戦チケットがあるとの連絡が入ったから、ピカデリー・サーカスまで向かう予定を立てた。

長距離列車の切符の購入は語学力不足でなかなか要領を得なかったが、なんとか買えた。ほんとうは指定席を予約したかったのだが、駅員には意が通じなかった。まぁ、乗れればいいや……。

つぎに、旅行社のあるピカデリー・サーカスに向かった。

三越に入ると、見慣れた顔があった。そうだ……、テレビでよく見る卓球女子韓国の若きエース、石賀浄（ソク・ハジョン）選手だ。試合が終わって、買い物ツアーで来ていた。

とっさに、あつかましい〝おじさん〟に豹変して、「私も卓球をやっています」と声をかけてみた。すると、若きエースは「モナリザの微笑み」で応えてくれた。

さらにおじさんは羞恥心もなく「サインももらえますか……?」とねだって、ノートを差し出した。二〇代前半の女性に言い寄る七〇歳近い爺さん。誤解されそうだ。それにも愛想よく、読み取れない達筆でサインをくれた。いっぺんにこの若手エースのファンになってしまった。

竹島の帰属をめぐってギクシャクする日韓関係。サッカー男子の韓国選手のアピールが〈ピッチに政治を持ち込んだ〉と指弾された一幕もあった。それだけに、卓球選手との友好にはホッとするものをおぼえた。かつて日中国交回復で卓球交流が架け橋となったのを思い出した。

ところで、日本の選手たちは競技が終わったあとはどう過ごしているのだろうか。もう水泳や体操などの選手は凱旋帰国をしていると聞いた。せっかくロンドンに来たのだから、ビッグ・ベンを眺め／テムズ川の水上バスに乗り／大英博物館に足を運び／ロンドン塔を観光したらよいのに……。

オリンピックの開催都市は、どこも歴史を持ち、名勝もゆたかで、ショッピングも楽しめる街である。**〈オリンピックの休日〉**を楽しむのも見聞を広げるうえで大事なことだ。

■チケット・ゲット――オレは「持ってる」人間だ！

夜の女子サッカーの決勝までには時間があった。そこで足の向くまま歩きだした。

まだバッキンガム宮殿を見ていなかった。そこは黄金色に輝く威厳に満ちた王宮だった。さらにグリーン・パークを抜けて、トライアスロンを観戦したハイド・パークに出た。凱旋門のようなウエリントン・アーチに登って、ロンドンの町並みを眺望した。

たしか、この付近に日本大使館と日本オリンピック委員会（ＪＯＣ）の「ジャパンハウス」があるはずだ。地図を頼りに訪ね歩いた。

国旗を掲げた日本大使館はすぐ分かった。屈強な黒人の警備員にジャパンハウスの場所を訊ねた。無愛想に「あっちだ」と顎をしゃくりあげながら指示した。高慢な態度だ。日本への印象を悪くしかねないなぁ〜。

「ジャパンハウス」はハイド・パークに面した角地のホテルを借り切ってあった。その隣に国際オリンピック委員会（ＩＯＣ）の会長など首脳陣の泊まっているホテルがあった。

前回の北京大会の「ジャパンハウス」も、北京駅にほど近い日本資本のホテルに構えていた。一階のロビーだけは登録すれば臨時のＩＤカードをもらえて入ることができた。私は開会式の実況をここのロビーの広間で日本人関係者といっしょにテレビ観戦したのだった。

今回は２０２０年のオリンピックに東京が立候補しているだけに、招致への意欲にあふれていた。ロビー外交は精力的で、そうとうな金が使われているらしいとの噂もたっていた。ただ、ハウスには一般市民が気軽に入れるわけではなかった。

ホテルの裏口に回ると、外国のゲストが黒塗りの車で乗りつけて、薄暗い入口に待ち受ける日本髪姿の女性の案内で奥へと消えていった。なんだか《フジヤマ・ゲイシャ》の〝時代〟めいた日本のロビー外交、陰鬱な気分になった。

「ジャパンハウス」の周辺をうろついていると、体格の良い二人の外国人男性が近づいてきた。私の挙動を「怪しい」とみた私服の警察官かと緊張が走った。

一人が耳元でささやいた。「今夜のサッカー決勝のチケットを持っていないか?」。な〜んだ、そういうことか。日本人なら観戦チケットを持っているかもしれないと思って待ち伏せしていたのだった。「残念、持っていない。私がほしいぐらいだ」。ダフ屋に間違えられるのも嫌だったし、「先日、ダフ屋が捕まった」との情報をD氏から聞いていたからあまり関わりたくなかった。

そろそろ宿舎に帰ろうかと踵《きびす》を返したときだった。

今度は若者から声をかけられた。またかと思って、「ごめん、チケットは持っていないよ」と先《せん》を制して断った。ところが、今度は様子が違う。「私のチケットが余っているのですが……」と若者は言った。

ダフ屋かと怪訝《けげん》な顔を向けると、真面目そうな青年だった。事情を聞いた。スウェーデンの青年で、「じつはこれから国に帰らなければならないんです。チケットがもったいないんです」

と請うのである。

こういうことはよくあることだ。北京大会でアーチェリーの観戦が終わってオリンピック公園を出ようとしたら、ターバンを巻いたインド風の男性が私を呼び止めて、「ホッケーのチケットがあるんだが」と勧めてきた。多分、〈ホッケーならインド〉と予想した対戦カードがはずれてしまったからなのだろう。

今回のは願ってもなかった夢のチケットだった。とてもサッカーの決勝戦のチケットなど手に入るものではない。宿舎でテレビ観戦をするしかないと諦めきっていたのだった。内心で「ヤッター！」と叫んだ。

若者が〝幸福の国〟から私をめがけてやって来た使者のように思えた。「オレは（幸運を）持っている」——サッカーの本田圭佑選手のセリフを思い出した。

■「シーズン・チケット」の悪ガキのように

小躍りする脚を抑えきれず、いっぺんに十歳以上も若返った足取りになって、私はグリーン・パーク駅へと急いだ。そして、ウェンブリー・センター駅に向う地下鉄ベーカールー・ラインに飛び乗った。律儀な若者から手にした〝幸運のチケット〟のセット。少年のような気持ちだった。

以前、『**シーズン・チケット**』（マーク・ハーマン監督）というサッカーを主題にしたイギリス映画を見た。舞台はニューカッスル、ここにはサッカーのプレミア・リーグに所属する「ニューカッスル・ユナイテッド・フットボール・クラブ」がある。

このクラブのホーム・スタジアム「セント・ジェームズ・パーク」の〈シーズン・チケット〉（1枚500ポンド）を求め、二人の悪ガキがタバコもヤクもやめて節約して金をひねり出し、夢のチケットをゲットする話だった。

その少年たちの気持ちといまの自分とはそっくりだと思った。

ウェンブリー・スタジアムはロンドンの北西部の郊外にある。《サッカーの聖地》と呼ばれている。クラブ・カップやFAカップのイングランド代表の決勝戦が催される屈指のスタジアムである。九万人を収容し、バルセロナ（スペイン）のカンプ・ノウに次ぐヨーロッパ第二の規模を誇る。屋根付きではヨーロッパ最大だという。

伝統のスタジアムは2007年に全面改築された。前代のスタジアムには陸上競技やドッグレース用のトラックがあった。ロンドン郊外にあったのが幸いし、ナチスのロケット弾による空爆をまのがれた。そこを使って戦後初のオリンピックが開催された。

2回目のロンドンでのオリンピック、1948年の第十四回大会はまだ戦禍が癒えてなかった。開催を引き受けたロンドンの街もあちこちに空爆の傷跡を残していた。それでも、ウェンブリーのメイン・スタジアムに参集した選手は59カ国・地域から4000人を超えた。その規模は史上最多となった。

男子選手は兵舎で、女子選手は学校で寝泊まりして、十二年ぶりに開催されたオリンピックの成功に力をしぼった。

競技会場には《平和な世界》を願う人びとの気持ちが集まった。彼らは「オリンピック」の継続を誓い合った。残念ながら、日本とドイツは「戦争責任」を問われて出場できなかった。それもひとつの歴史の決断だった。

戦後初の大会での花形選手は、女性のスプリンター、ブランカーズ・クン選手（ベルギー）であった。二児の母親だったクン選手は陸上競技の100m、200m、80mハードル（当時）、4×100mリレーの4種目に出場、全てで優勝、80mハードルでは世界新記録を打ち立てた。この彼女の大活躍は戦後社会での女性の進出を予期させたのであった。

ウェンブリーはアジアのスポーツ発展の契機にもなった、歴史的な場所である。

この時、ロンドン大会に集まったインド、フィリピン、中華民国（当時）、朝鮮（当時）、ビルマ（当時、現ミャンマー）、セイロン（当時、現スリランカ）のオリンピアンたちが会合を持ち、「アジア地区の競技大会を」と話し合った。それが結実したのが1951年、インドのニューデリーで開催された第一回アジア競技大会であった。

開催されたアジア大会はスローガンに《**エバー・オン・ワード（限りなき前進）**》を掲げた。アジアの新興国の思いと気分を表していた。大会には国際交流を制限されていた日本も参加した（**表30参照**）。いまも、この大会は開催基盤の危うさを伴いながら〈エバー・オン・ワード〉を続けている。

歴史を回想しながら、ウェンブリーへの思いをふくらませて、妙にゆっくり走る地下鉄電車にいらだちを覚えていた。車内は退社時間と重なって混んでいた。どれぐらいの乗客がウェンブリーで降りるのだろうか……？

■古代コロセウムのような存在

ウェンブリー・センター駅の正面にサッカー・スタジアムがそびえ立っていた。巨大なアーチがスタジアムを巻いている。

駅からスタジアムのあいだのまっすぐ伸びる２００ｍほどの舗道は、まさに〈ヴィクトリー・ロード（勝者の道）〉になっていた。ここはサッカー・イングランド代表の本拠地である。

こうした凱旋様式の造形はヨーロッパ的で、日本ではあまり見かけない。

（表30）アジア競技大会（夏季大会）の開催状況の推移

回	会期	開催都市	開催国	参加国	参加選手	競技数
1	1951・3・4～3・11	ニューデリー	インド	11	約500	6
2	1954・5・1～5・9	マニラ	フィリピン	18	1241	8
3	**1958・5・24～6・1**	**東京**	**日本**	**20**	**1692**	**13**
4	1962・8・24～9・4	ジャカルタ	インドネシア	17	1527	14
5	1966・12・9～12・20	バンコク	タイ	18	約2000	14
6	1970・12・9～12・20	バンコク	タイ	18	1802	13
7	1974・9・1～9・15	テヘラン	イラン	25	2672	16
8	1978・12・9～12・20	バンコク	タイ	27	2876	19
9	1982・11・19～12・4	ニューデリー	インド	33	4635	20
10	1986・9・20～10・5	ソウル	韓国	27	4786	25
11	1990・9・22～10・7	北京	中国	37	6122	27
12	**1994・10・2～10・16**	**広島**	**日本**	**43**	**6828**	**34**
13	1998・12・9～12・20	バンコク	タイ	41	9780	36
14	2002・9・29～10・14	釜山	韓国	44	約9900	38
15	2006・12・1～12・15	ドーハ	カタール	45	9520	39
16	2010・11・12～11・27	広州	中国	45	9704	42
17	2014・9・19～10・4	仁川	韓国			

早くも人波が出きて、道路のあちこちで日本とアメリカの応援合戦が繰り広げられていた。日本の若い女性の浴衣姿が目立った。ロンドン在住か、それともわざわざ日本から持ってきたのか？　一人、青年が武者姿になってパフォーマンスしていた。多くが髪の毛を国旗に見立てたり、フェイス・ペインティングを塗ったり、日本の青年たちは〝お祭り上手〟になったものだ。Jリーグの人気が観戦の仕方を変えたように思う。

交通整理のおまわりさんは、ここでも騎馬警察官だった。カーディフでもそうだったが、さっそうと馬にまたがる女性警察官がキリリと騎乗している。その周囲は人だかりがしていて、サポーターたちが写真に収まっている。馬たちはうろたえることもなく、喧騒にも冷静に耐えている。

道路の両脇にオリンピック・グッズの店が並んでいた。おみやげにと、帽子とTシャツと小腕にはめるリングを買った。それに、『日本対アメリカ』の旗とネームの入ったマフラーも記念に買った。

長蛇の列ができる前にスタジアムに入った。二階のエントランスからはロンドンの街が眺望できた。森があり、教会があり、とんがった三角屋根の家が並び、麦色の畑が広がっていた。夕暮れが迫り、慕情を誘った。

スタジアムは〈**現代のコロセウム**〉のような存在感があった※。そう……、古代ローマで剣闘士（剣奴）たちの生死を賭けた闘技のかかった殿堂、あの円形競技場である。かつては酷い殺し合いを伴ったが、いまは〈フェアプレー〉のもとにそのプレーはコントロールされている。人間の享楽心も理性の歴史を刻みながら進歩をみせている。

※**コロセウム**：ローマ市に残る、古代の円形闘技場。西暦70年代にウェスパシアヌス帝が起工。長径188メートル、高さ48・56メートル、4階造りで、約5万人の観衆を収容できた。名は、ネロの巨像〈コロスス〉が近くにあったことから〈コロッセオ〉と称した。コロセウムでは奴隷の剣闘士同士、剣闘士と猛獣の死闘が繰りひろげられた。

スタジアムの内部にあるエスカレーターをどんどん昇って、お目当ての指定席を探した。45ポンド（約5000円）の席は最上段に近かった。ピッチからは随分距離はあるが、それでもサッカーのプレーや攻守の流れがよく見て取れるから、がっかりはしなかった。

広いスタジアムは試合開始三十分前には超満員となった。女子サッカーの決勝戦では最多の観客で埋まった。やはり〈ラグビーのカーディフ〉とは違い、ここは〈サッカーのイングランド〉であった。

私の右隣は屈強なスロバキアの男性たちが座った。ボートの選手なのか？　もの静かだったが、「ジャパンだ」と自己紹介したら、「ＯＫ。今夜は楽しみだ！」と表情を和らげた。

一方の左隣は陽気なオランダの婦人、４人の仲間たちだった。

「ママさんサッカーをやっているのよ。ツアーでサッカーの決勝観戦付きのチケットをゲット。超プレーを見に来たの。」

マイクを通して甲高い声でパーソナリティ（司会者）が興奮を煽った。〝伝説のロック・バンド〟クイーンの「ウィ・ウル・ロック・ユー（お前を殴り倒す）」の勇ましい曲が流れた。地響きがするほどの迫力だ。スタジアムはいよいよエキサイティングになってきた。

会場に居るＫ氏から携帯電話がかかってきた。「チケットが手に入るなんて、ラッキーでしたね」と、私の幸運を称えてくれた。Ｋ氏は報道関係の一階の特等席に居るという。だが、高い倍率で手に入れるのも難しい決勝戦の席、最上段席だって特等席だ——。

■人生訓を残した「なでしこ」の選手たち

午後7時45分にキック・オフ。いよいよ決勝戦が始まった。

ワールドカップに優勝したとは言え、まさか「なでしこ」がオリンピックの頂上決戦にのぞむとは……。実力が安定してきた証拠だ。

「つねに勝たなければならない。そうしないと女子サッカーは忘れられる。」

澤選手も宮間選手もそう語り続けてきた。そこには、女子サッカーの苦難の道があり、彼女たちが置かれている不安定な状況があった。それがいまや〈世界のなでしこ〉に成長し、外国のチームの目標にまでなって、名実ともに強豪となったのである。

彼女たちはサッカーを通じて人生訓をみつけ、それらを我々に発信し勇気づけてくれた。
「夢はかなえるためにある」（澤穂希）
「あきらめなければ、なにかができる」（阪口夢穂）
「みんなが背中を押してくれたからこそ、がんばれた」（宮間あや）
「私だけがヒロインではない。みんなで取った得点です」（川澄奈穂美）
名句ばかりだ。彼女たちの境遇と努力に裏打ちされているから、説得力がある。「なでしこ」には心の絆がある。十一人が一つになれば、パワー、スピード、身長でまさるアメリカとも互角に渡り合える。その集大成が今夜の決戦だ。この歴史的な場所に居る幸せを感じながら、彼女たちのプレーを追った。

日本は堅実な守備で相手を封じ込めにかかる。その壁を倍返しの迫力でアメリカは攻めまくる。二つの異色のサッカーが激しいせめぎあいを見せる。好プレーが続出する。その度にスタンドから「ナイス・プレー！」と声がかかり、拍手が起こる。この空気がいい。

一瞬の日本のスキをついて、アメリカのエース・ストライカー、ワンバック選手のヘッディングがゴールネットを揺らした。ワールドカップで「なでしこ」の〈**あきらめない気持ち**〉を賛えたエース。彼女の見事なシュートもさすがだった。

優位に立ったアメリカは後半になっても押しまくり、2点目も先取してゲームを優勢にすすめた。

それでも「なでしこ」はあきらめなかった。澤が勘のいいプレーを見せれば、宮間もシュートに結びつく絶妙なパスをあげる。大柄な大儀見は体を張ってボールを奪いに出てゴールを狙った。いちだんとスキルを磨き上げた川澄は大きなアメリカ選手の股間をぬいてボールをキープした。

「あきらめなければ、何かが起こる」——。その通りだ。後半の終盤にチャンスがきた日本は、澤——宮間——大儀見とパスをつなぎ、大儀見が倒れながらもゴールに押し込んだ。1—2。ワールドカップの〝ミラクル〟の再現への期待が膨らんだ。

しかし……、今夜のアメリカは集中力を切らさず、攻撃の手を休めなかった。

そして、「試合終了」の笛がスタジアムに響いた。無情のホイッスルだが、不思議に口惜しさがなかった。アメリカが世界ランキング1位の実力を存分に発揮して、ワールドカップの雪辱を果たしたのだった。よく善戦した日本、まさに《グッド・ルーザー》だ。彼女たちの頑張りに惜しみない拍手が送られた。

スロバキアの男性たちは、「ナイスゲーム!」と私に強い握手をくれた。オランダの婦人たちは「満足したわ。日本の巧妙なパス、あれをやってみたいわね」と声が弾んだ。そうだ、ナイスゲームだった!

ほんとうは表彰のセレモニーを見て、両者の健闘を称え、ゆっくりと余韻を味わいながらスタジアムを後にしたかった。だが、明日に遠出を控えていたので、急ぎ足でウェンブリーを後にして宿舎に戻った。

宿舎でテレビ観戦をしていたI氏の話では、表彰のセレモニーに現れた「なでしこ」のメンバーはムカデ競走のように肩を組み、手をつないで、満面の笑顔だったそうだ。いつもは辛口で分析的な意見を放つI氏が、今夜ばかりは満足げだった。

「いや〜、よくやりましたよ。なでしこの実力を見直しました」。

オリンピック出場四回目にして銀メダル。前回が4位だから大躍進、快挙に違いない。それに昨年のワールドカップ優勝がフロックではないことを、プレッシャーにも負けずに立派に証明したのだった。

「なでしこ」に乾杯！

マッチ・ウェンロックを訪ねて（八月十日）

■かつて前・オリンピックがあった

朝早く宿舎を発った。目的地はマッチ・ウェンロック。見知らぬ土地への長距離列車での初めての一人旅。心細さもあったが、ワクワク感の方が大きかった。冒険、冒険！

それは、ロンドン・オリンピック行の競技の観戦とともに、もうひとつの私の旅の目的でもあった。

マッチ・ウェンロック――あまり知られていない。私もそれほどは知らない。初めは「マッチ（試合）」というから、「ウェンロックのスポーツ大会」と思っていたが、ひとつの村の名前だった。

それが、今度のロンドン・オリンピックで《**ウェンロック**》と愛称のついた一つ目小僧がマスコットになって、いきなり脚光を浴びた。謎めいた名称がだんだんと「マッチ・ウェンロック」という村の名称に由来していることが分かってきた。

マスコットにまでなるほどの「マッチ・ウェンロック」とはいったいどんな村なのか——その〝ふる里〟探しの旅に出たのだった。

この間の二回のオリンピック行でも私は二重の目的を持って旅してきた。

〔**アテネ大会はクレタ島へ**〕　古代ギリシャに先行した古代クレタ文明の中での〈スポーツ〉の痕跡に触れたいと思った。中心都市イラクリオンの奥で発掘されたクノッソス宮殿から、地中海を悠々と泳ぐイルカの壁画や、牛の背中に乗って倒立をしてアクロバットを楽しむ壁画が見つかったことに刺激を受けた。

〔**北京大会は盧溝橋へ**〕　かつて日本は中国侵略をもくろみ、北京郊外の盧溝橋で日本軍と中国軍が衝突、全面戦争に拡大していった。オリンピックのなかで「平和」を考え、中国やアジアの人びととの友好関係を考えるうえで、侵略戦争拡大の発火点となった盧溝橋を訪ねることは〈日本人の義務〉のような思いを抱いていた。

今回の大会はマッチ・ウェンロックへ——。

じつは、オリンピックの歴史を勉強し始めたころ、《**前・オリンピック**》ともいうべきものがあるのが分かった。つまり、クーベルタンがいまのオリンピックを創設する1896年以前に、途絶えていた〈古代のオリンピック〉を復活しようと、あるいはその名前を使った試みが世界の各地であったのである。

①コッツワルドオリンピック・ゲームズ（イングランド）――1662〜1852年
②ハンプトン・コート・オリンピックス（イングランド）――1679年
③オリンピック・ゲームズ、ウォリッツ（ドイツ）――1779年
④ギリシャ式競技会、ポッツナン（ポーランド）――1830年
⑤スカンディナビア・オリンピック・ゲームズ、ラムロッサ（スウェーデン）――1834年、36年
⑥モントリオールオリンピック・ゲームズ（カナダ）――1844年
⑦マッチ・ウェンロック・ゲームズ、例年祭（イングランド）――1849〜1895年
⑧ザッパス競技会、アテネ（ギリシャ）――1859、70、75、88年
⑨リバプール・オリンピックス、例年祭（イングランド）――1862〜67年
⑩オリンピック・フェスティバル、ルランダドン（ウェールズ）――1866年

古代オリンピックは絶えて久しく、てっきり考古学上の話になっていたと思っていたのが、そうではなかったのである。《オリンピック・ゲームズ》の名は永々と生き続けて、十七世紀からはさまざまな活動が復活して、いろいろな形態で実施されていたのであった。知らなかったのは、遠く離れたアジアに居て縁もなく情報が届かなかったからであった。

そのひとつが「マッチ・ウェンロック・ゲームズ」である。これと現代のオリンピックとはどういうつながりをもっているのだろうか。《ウエンロック》というマスコットにまでなった理由はなんだったのか。そこに私の関心があった。

■みにくく荒廃した工場地帯

国鉄ユーストン駅から長距離列車に乗った。この駅はイギリスの西北方面、バーミンガムやマンチェスターなどの工業地帯に向かう起点となっている。

駅のインフォメーションで行く先の切符を見せて、「何番線から発車するのか?」と訊いた。だが駅員の返事は実務的で、「電光掲示板を見よ」と言うだけだった。電光掲示板を必死に眺めても、列車の出発時間は記されているが、出発ホームの指定がない。

落ち着かない思いになってくる。出発十分前、やっと「電光掲示板」にホーム番号が出た。急ぎ足で指定のプラットホームに移動した。日本のようにあらかじめ出発ホームが決まっているわけではないから、油断がならない。

列車は静かに滑り出した。車掌に「自由席はどこだ?」と訊いて指示された車両に落ち着いた。乗客は少なかった。まずはバーミンガムまで。そこで列車を乗り換えてシュルーズベリー駅まで行くのである。

座席はどちらかといえば日本の列車の座席に近かった。以前、ドイツのケルンからパリへ行くのに国際列車に乗ったときは、ドア付きのコンパートメントになっていて窮屈な思いをした。見知らぬ外国人同士が一室に詰められ、言葉も通じず、車掌からはパスポートのチェックを受けるなど、数時間も緊張して過ごした。そのわずらわしさがなかった。

窓の外には、カーディフへの往復で見たのと同様、のどかな田園地帯が続いた。しかし、その光景が**バーミンガム**に近づくころから一変した。はっきりと工場地帯に入ったのである。ロンドンに次ぐイギリス第二の都市、バーミンガムは車窓からの光景は美しい田園地帯とは対照的に醜かった。

工場の建物は薄汚れていて、いくつかは廃屋になっている。近くに掘られた運河はどんよりと濁りをおび、よどみ、異臭の漂いを感じさせられた。無造作に積み上げられた廃車の墓場が景観をいちだんと汚していた。

なんだか、資本主義のなれの果てをみるようで、置き去りにされた日本の工場地帯の光景とも重なった。どうしてこんなに工場廃棄は醜いのだろうか!

時代は下るが、1930年代のイングランドを旅したプリーストリーは『**イングランド紀行**』を著して、当時、ロンドンに次ぐ二番目に大きな都市となったバーミンガムの印象を記している。その中の一節にこうあった。

〈……おそらく私が目にしたのはバーミンガムではなくて産業都市文明だったのだろう。しかし事実は惨憺たるものだった。延々と続く醜悪、むさ苦しさ、途方もない野卑、崩れかかった貧血の街並みだった。〉

〈繰り返して言うが、一つとして元気づけてくれるようなものがなかったのだ。見苦しい食肉、咳止め薬、競馬新聞、安物の家具、紛い物の衣類、蠅が卵を生みつけたようなケーキ類、クーポン、セールス、嘘、醜悪。そんな店舗が延々と続く様に私はたまらない嫌悪感を覚えた。〉（プリーストリー著『イングランド紀行』から）

バーミンガム駅で降りて、通りがかった女性駅員に乗り継ぎ列車の発着ホームを訊いた。親切にホームまで誘導してくれたその職員は、乗り継ぎ列車の車掌だった。検札で来るたびに、「もう少しですよ」／「間もなくですよ」とヘルパーのような笑顔で声をかけてくれた。

シュルーズベリーの駅に着いたのは正午過ぎだった。

駅舎の背後には、十一世紀初頭に建設されたシュルーズベリー城の遺跡がのしかかるように建ち、セヴァーン川沿いに拓けたリゾート風の町だった。ここで『進化論』のダーウィンが生まれた。駅近くにダーウィンの銅像と図書館があった。

マッチ・ウェンロックにはここからさらにバスに乗って向かう。

バスターミナルに行って、バスを待つ何人かに「どのバスに乗ればよいのか」と訊いて回った。「マッチ・ウェンロック」と呪文のように唱えて……。だが、だれもが「知らないなぁ～」と言い、埒《らち》があかない。発音が悪いのかもしれない。それともターミナル駅を間違えたか……。

不安を抱え、それでも懲りずに聞きまくっていたら、年老いた夫婦が、「わしらもそこに戻るところじゃ。いっしょに乗んなさい。降りるバス停を教えてあげるから」と応じてくれた。

■あのオリンピアに相似している村

乗客は老夫婦と私と、あとは3人だけだった。まったくの片田舎の道を、昇降客もなく、特急バスのようにただひたすら土煙を立てながら走った。

車の行き交いも滅多になく、人影も見かけなくなった。刈り入れの終わった農地が延々と続き、時々、集落が顔を出した。夏枯れの農村の風景だ。バスはのどかな風景にはいさいかまわずに奥へ奥へ、さらに奥へと進んで行った。

ほんとにマッチ・ウェンロックに向かっているのか？　もう一時間ほども乗っている。少し疑心が起きたころ、老夫婦から声が掛かった。

「ここで降りなさい。わしらはもう少し先まで行くから」。

親切な老夫婦に、リュックサックに詰めてあった日本画の挿絵のあるブック・マーク（栞）をお礼にあげた。「おぉ～ビューティフル！　いい旅をな」とやさしい目を向けてくれた。二人はきっと幸せな人生を送ってきたのであろう。

バス停に木造りの立派な標示板が立っていた。『**マッチ　ウェンロック**』。間違いない。看板には村の略図があった。小さな村だ。とにかく歩いてみるか。

まずは東へ。古い白い家が軒を連ね、細い路地がくねっていた。石造りの古い協会だけが家並みを下に見すえてそびえ立っていた。十分ほど歩くと林の道に入り、やがて牧草を食むヤギたちのいるゆるやかな丘陵地が広がっていた。時折、散歩にぶらりと歩いている村人に出会うぐらいで、村全体は音もなく眠り返っているのだった。

踵《きびす》を返して、今度は南方向へ。村の反対方向を散策した。石畳の道が続き、ガーディニングのゆきとどいた小奇麗な家々が丘に向かって伸びていた。丘に登ると、谷筋にマッチウェンロックの小さな村がひっそりとあった。

しばらく丘の上の木陰にたたずんで一服した。よくもこんな遠い寒村にやってきたものだ！。

巡りながらどこかで見覚えのある懐かしい風景だと思えてきた。あぁ～そうか、**オリンピア**

の村に似ている！　1984年の夏を過ごしたオリンピアの記憶がよみがえってきた。

そこはアテネから遠く離れたプロポネッソス半島のなかほどにある小さな村だった。このオリンピアでゼウス神を崇める古代オリンピックが、紀元前1000年ぐらいの大昔に開催されていたのであった。

・オリンピアも白く埃にまみれた村だった。荒れるクラデス川に沿って一本の目抜き通りがあって、レストラン／教会／書店／郵便局／小ぢんまりとしたホテルが並び、「オリンピック競技歴史博物館」があった。

・クラデス川を渡ったところが古代オリンピア祭をやった遺跡群で、クロノスの丘の麓に古代のスタディオンがあった。この遺跡から発掘された遺品は「オリンピア博物館」に展示されていた。

・クロノスの丘を越えた裏側に、近代オリンピックの創始者、クーベルタンの碑があった。

私はその村の奥まった**国際オリンピックアカデミー**（IOA）の施設に二週間ほど寝泊りして、〈オリンピック〉についての研修の日々を送った。意味の取れない講義に疲れると、知り合いになった韓国やデンマーク、インドネシア、オーストリアなどの研修仲間を誘って、スタディオンに降り、古代遺跡をめぐり、村のレストランで談笑した。

ちょっとした縁があって、オリンピアの村長にアポイントが取れて面談できた。村長は打ち解けて、「ヒロシマ・ナガサキの平和運動と、オリンピアの平和とは相通ずるものがある」と意気投合した。その夜にスタディオンで開催されたフェスティバルで挨拶に立った村長が私を観衆の前で紹介し、研修仲間を驚かせた。

もうかれこれ四半世紀も昔のことだ。オリンピアに似たマッチ・ウェンロックの村を足の向くままに歩いた。どうして「オリンピック」にゆかりのある場所はこうも似通っているのだろうか……。なんだか「オリンピック」が持つ相似性のようなものを感じてならなかった。

それにしても、いったいこの村のどこで『オリンピック・ゲームズ』をやっているのだろうか？　なかなかグラウンドのような広場が見つからず探しあぐねていた。

■ガイドは「ゲームズ」の役員だった！

村の中央に人びとが憩っている小さな広場があった。

その角の白い建物に「マッチ・ウェンロック・ミュージアム&訪問者インフォメーション・センター」と書いたプレートが目に飛び込んできた。すかさずドアを開けて入った。

ミュージアムの中は、まごうことなく、**「マッチ・ウェンロック・オリンピアンズ・ゲーム」**の展示場だった。

ゲームズ（競技会）の歴史が年表になってパネルに貼られ、歴年の「ゲームズ」の模様が写真で紹介されていた。代々の大会の記念メダルや灯火を運ぶトーチ、競走に使ったクラシックなスタイルの自転車が展示されていた。

「クーベルタンが来訪して、オリンピックの創設にヒントを得た」と解説したパネルもあった。エリザベス女王も２００３年の記念大会に来訪したとのことだ。

販売コーナーがあり、棚にあった『マッチ・ウェンロック・オリンピアンズ・ゲームズ』の歴史書と大会の案内冊子、それと村を紹介した絵葉書を数枚購入した。

レジで支払いに立ち会った係の男性職員が「どちらから?」と声をかけてきた。

「日本から。ロンドン・オリンピックの観戦で来たので、ここまで足を伸ばしてきました」。

「そうですか。遠くから有難うございます。マッチ・ウェンロックに関心がおありで……?」、

「少しばかりオリンピックに関心を持っています。それでここでやられている『ゲームズ』に興味を持ったのです」。

「これから、どうされるのですか?」、

「『ゲームズ』をやっている場所に行ってみたいと思っているのですが……」。

ちょうどその時だった。「やぁ～」と職員に声を掛けて壮年の男性がニコニコ顔で入ってきた。

すぐに職員はその男性に私を紹介し引き合わせてくれた。男性は旧知の友人を迎えるような親しさで、「ようこそ、ようこそ。大変光栄です」と握手を求めてきた。

この壮年の男性こそ、『マッチ・ウェンロック・オリンピアズ・ゲーム』を主催する協会の中心メンバー、M氏であった。

職員から私の行動予定を聞いたM氏は親しみをこめて「そうですか、そういうことだったら私がゲームズの会場までご案内しましょう」と言ってくれた。

やはり私は（幸運を）持っている――。主催者のガイド付きの散策とは思いもよらなかった。


二人はミュージアムを出て、ゆっくりと村の細くくねった道を歩いた。不思議に氏の英語が分かり、私もたどたどしいが英語が出てきて会話が弾んだ。

M氏は時々立ち止まりながら、いろいろと『マッチ・ウェンロック・オリンピアズ・ゲーム』にまつわる名勝を説明してくれた。

〈この聖三位一体教会には、「ゲームズ」を立ち上げたウィリアム・ペニー・ブルックス博士が眠っている。博士はクーベルタンとも親交があり、近代オリンピックの創設にも協力した。〉

〈ここを見てくれ。この歩道に刻まれているマークが、毎年開催している「オリンピアン・トレイル」と呼ばれるマラソンのコースと距離を表示しているものだ。だれでも参加でき

る。〉

〈この家屋は昔の駅舎だ。以前は鉄道が通じていて、「ゲームズ」が開催されると、それはそれはイギリス国内から大勢の人がやってきたものだ。いまは人口も減って廃線となったが、駅舎はモニュメントで残した。〉

〈ここから丘の方を見上げてみてくれ。芝生の植栽が丸く刈られて五つの輪ができているだろう。《五輪の木》と呼んでいる。つまりオリンピックのマークだ。ここの地主が作ってくれているのだ。〉

雑木林を抜けると視界が広がった。一面がやわらかい芝生で被われている。ラグビー場ぐらいの広さがあった。芝生の奥に主催者の協会のハウスがあり、クーベルタンが植樹した木も育っている。その奥はこんもりと繁った林になり、さらに背後には小高い丘が続いている。

「ここが『ゲームズ』のメイン・グラウンドです」。

M氏の説明を聞いていると、散歩をしていた村人たちが二人、三人と寄ってきて話に加わった。

「オレも若い時分にはここで走ったものさ」。

「射撃競技に出て、いっぱい賞品を稼いだなぁ～」。

「このあいだまでバーミンガムにある日本の企業で働いていたんだ」。

グラウンドの入口にあった『ゲームズ』と場所を表示したトーチ型のモニュメントで、M氏と記念写真に収まった。

■懐かしい「村の運動会」を思い出した

『マッチ・ウェンロック・オリンピア・ゲームズ』とは、いったいどういう競技会なのか？ガイド役の協会役員M氏の説明はこうだった。

〈もともとは村の収穫祭だった。住民同士のコミュニティを作ろうとの目的から、それじゃ楽しくだれもが参加できるスポーツがよかろう、ということでスポーツのゲームを取り入れたのが始まりだ。〉

〈当時、つまり、十九世紀の中頃だが、トロヤ遺跡やオリンピア遺跡が相次いで発掘され、古代ブームが起きた。じゃ～と、「オリンピック・ゲーム」にあやかって名称をそうしたわけだ。オリンピアとの関係が直接あったわけではないが、流行の先端を行ったということだ。〉

〈ゲームの中身が独特なんだ。グラウンドを走るのもやったが、綱引きをやったり、自転車乗り競争を取り入れたり、射撃やアーチェリー大会をやったりした。力自慢には〝力石競べ〟もあった。サッカーなどは部落対抗でね……。〉

〈1895年にこのゲームズは中止された。いろんな事情が重なったのだが、翌年にクーベルタンの提唱した『オリンピック』が創設されたことも影響したと言われている。また、この時期は「競技」というのが前面に出てきて、「交流」の意味が薄れはじめてきた時代でもあった。〉

〈それが九十年後、1973年に『**オリンピアン・トレイル**』の名称で復活した。村のコミュニティが衰退し、隣人たちが疎遠になってきて村の活性化、再生が求められ、そこで伝統の『ゲームズ』を復活しようということになった。それから毎年続いている。〉

〈われわれの『ゲームズ』は人びとの交流、地域のコミュニティの促進という点に主眼を置いている。これはスポーツとか競技が果たす人間的な価値のひとつだと思うし、「**オリンピックの原点**」とも言えよう。このアイデンティティが今度のロンドン大会でシンボルとして採用され、マスコットにもなった。〉

話を聞くうちに、懐かしい思いが蘇ってきた。それは、小さい子供時代に催されていた宮崎県の田舎町での「**村の運動会**」の光景だった。

村の運動会の日は村人たちが老いも若きもこぞって各部落からやってきた。少年の私もこの日ばかりは早起きして、ハチマキをギュッとしめ、駆けっこ用の足袋を履き、勢いよく村の運動場に飛び出していった。

運動場では部落ごとに分かれ、駆けっこ／綱引き／パン喰い競争／ムカデ競走／スプーンレース／自転車の曲乗り競走／玉ころがしに興じた。最高に盛り上がったのは部落対抗リレーだった。賞品は、ニワトリとか大根や柿などの農産物であった。戦後の復興の途上で食料の現物支給が喜ばれた時代だった。

運動会は村をあげての年中行事であり、交流の場であった。そのルーツもイギリスから渡ってきたと聞いた。そこには『マッチ・ウェンロック・オリンピアンズ・ゲーム』と触れ合うものを感じるのだった。

スポーツの持つ機能、オリンピックを何のために開くのか、マスコット《ウェンロック》が放つメッセージであった。

一時間半ほどかけて「ゲームズ」の村を案内してもらった。ふたたびミュージアムに戻って、職員とガイド役のM氏に丁重にお礼を述べた。二人は「今度は『トレイル』で会いましょう。ぜひ参加してください」と勧めた。機会があればそうしたいものだ。

名残惜しく、もっとゆったりと滞在したかったが、心にぬくもりを覚えながらマッチ・ウェンロックの旅を終わりにした。

バスに乗ってシュルーズベリーへ引き返す時分には、すでに夕暮れが押し寄せていた。暮れなずむ田園風景を眺めていると、自然に『故郷の廃家』の歌を口ずさんでいた。

シュルーズベリーの街を見物する時間はなかった。帰りの列車の小さな揺れに心地よさをおぼえ、オリンピックの〈原点〉に思いを寄せながらロンドンへと引返した。

■スポーツの倫理を考える時期に

なぜ、ロンドン・オリンピックは「ウェンロック」を掲げたのか？　帰りの列車のなかで、じかにマッチ・ウェンロックを訪ねた実感と、当事者の説明を思い出しながら、その意味を思索した。

私の問題意識は、連日、競技で熱くなっているオリンピックに、〈**人の交流とコミュニティ**〉の意味を込めなければならなかった理由はどこにあったのか？　それはスポーツや社会のあり方への警告なのか、それとも明日への希望のメッセージなのか、にあった。

たしかにスポーツは〈競争の原理〉を組織することで人間と社会に弾みをつけ、オリンピックを至高の存在に仕立てて行った。

だが、同時に、スポーツの営みは人間の尊厳、平和な共存との探求と深化をつねに問われてきたことも事実だ。それらは《スポーツの格言》ともなり、《スポーツの倫理》ともなり、ルール化もされた。

その視点で、スポーツやオリンピックの倫理史みたいなものを整理しておく必要があるのではないだろうか。

〔一人はみんなのために、みんなは一人のために〕　チーム・ワークの原理となり、それは仕事や教育やさまざまな活動のうえでも日常的な格言としても使われるようになってきた。しかし、個が抑えられすぎると〈奉仕〉の押しつけになりはしないか。

〔オフ・サイド〕　サッカーのプレーにかかわる用語で、相手陣営で待ち伏せして得点を得ようとするプレーは卑怯な行為として排除されている。〈騙《だま》し討ち〉のような卑怯なやり口への規制だが、それを逆手に取った戦術は巧妙過ぎはしないか。

〔ノー・サイド〕　ラグビー用語で、熱く対抗したライバル同士が試合が終わってもともとの〈仲間〉として受け入れる思想として尊重されていった。それもライバル同士が真正面から実力をぶっつけ合わなければ〈美文〉に流れてしまう。

〔グッド・ルーザー〕　テニスで生まれた言葉で、すばらしいプレーを見せて敢闘した敗者に向けられた賛美である。それは、勝利至上主義の価値観への警句ともなるが、〈勝利する〉ことの意味をもっと深めないと、真意は伝わりにくい。

〔フェアプレーの精神〕　いまやスポーツの規範にとどまらず、正義を貫き、全力を尽くし、克己心を発揮し、不正を排除する道徳的モデルとして社会規範にもなっている。しかし、世の中にはそれを上辺だけで使う厚顔無恥の類《たぐい》のいかに多いことか。

それらを拾っていくうちに、《ウェンロック》は古くて新しいメッセージ性をおびて聞こえてくる。つまり、こういう意味合いが込められていると言えよう。〈将来に向かって、よりスポーツが人間の文化として開花していくために、人びとはスポーツを通してただ競技に走るだけではなく、互いに連帯し、共同して地域社会を活性化することに寄与していかなければならない。〉

なかなかつかみにくい言葉だが、マッチ・ウェンロック・オリンピアンズ・ゲームの話を聞きながら、思い浮かべた〈村の運動会〉のイメージと重ねながら、スポーツをやりオリンピックを開催する〈原点〉を、いまの時代に即して問い直さなければならないと思った。ちょっと忘れかけていたことだった。まぁ〜、宿題だな……。

列車は、競馬の町ダービーを過ぎたあたりの途中駅で立ち往生した。乗客がぞろぞろと降りて行く。どうやら車両に異常を感じたらしい。乗客は不満も漏らさず、代わりの列車が来るのを慣れた様子で気長に待っている。

「いやぁ、よくあることですよ。みんな慣れっこになっています」（情報通のD氏）。

〝正確無比〟を誇ってきた日本の電車や列車も、最近はやれ人身事故だ、やれポイント故障だなどとよくトラブルが起きてきている性か、私も〝待つ〟ことにはずいぶん慣らされてきている。

そういうハプニングもあったが、その日のうちに無事にロンドンに、宿舎に戻ることができた。

——オリンピックの源流への旅はこのようにして終わった。

ケント州の古城へ、ドライブを楽しむ（八月十一日）

■金メダルは夢ではなく目標だ！

オリンピックの会期も大詰めをむかえ、明日一日のみを残すだけとなった。

ホスト国イギリスの躍進が光った。陸上競技、水泳、自転車、テニス、ボート、ヨット、馬術などで健闘し、メダル競争でもアメリカ、中国、ロシアに次いで4位につけている。相当な強化をしたに違いない。

日本も金メダルの数こそ少ないが、これまであまり目立たなかった競技での活躍もあって、メダル・ラッシュに沸いている。

私が注目したのは、男子ボクシング・ミドル75kg級でチャンピオンとなった村田諒太選手だった。

村田のパンチ力はプロも怖がるほどハードだと定評で、昨年（2011年）の世界選手権で銀メダルを獲得していた。「金メダルを取りに行く」と公言した彼は有言実行、一戦一戦を実力通りの強さで勝ち進み、頂点に上り詰めていったのだった。

彼は自律したボクサーだ。もともと腕力に物を言わせたやんちゃな少年だった村田は、「ボクシングの才能がある」と見抜いた中学の先生に導かれ、目標に向かって自分を律していくことを身につけた。

彼には挫折があった。早くからオリンピックの有力候補ともくされていたが、これまではアジアの出場枠をなかなか取れないできた。プロに誘われたが断った。一旦はグローブを置き、大学職員となって後輩の指導にあたった。

コーチングをしながらひたむきにスパーリングに打ち込む後輩の姿を見た。可能性を信じて挑む彼らは輝いていた。そして、「自分も宿題を抱えている」ことに気づき、ふたたび闘魂をたぎらせ、オリンピックをめざして現役に復帰したのだと聞いた。

村田選手の優勝インタビューでのコメントが良い。

「（優勝の要因は）最後に崩れないスタミナがあることと、あとは神様が僕に味方してくれることだと思います。金メダルを狙ってやってました。夢ではなく、僕の金メダルは目標だったので、それを達成できた自分自身を誇りに思いたいです。」

その見事なカムバックの朗報を耳にしたとき、私は、しばらく現役を退いていたのが功を奏したのではないか……と思った。外からボクシングを見れるという精神的な面もあるが、そのあいだにパンチで傷ついていた頭脳を休めたのがプラスにはたらいたのに違いない。

私が日本体育大学の大学院に学んでいた時、運動医学の授業で奇妙な話を聴いた。教授は医師でボクシング部の顧問だった。

〈私はボクシングのコーチではない。顧問になっているのは、ボクサーの脳のチェックをするためである。じつはボクサーは1回の試合だけで脳に相当な傷を負う。それを放置すると、脳の機能に影響し、取り返しのつかないダメージを受けることになる。〉

〈ドラッグ現象だ。あのモハメド・アリ＝カシアス・クレイ※がその症状だった。つまり、脳の機能が麻痺、破壊され、コントロールができなくなる。後半生を棒に振るようになってしまう。〉

〈だから、私はボクシングの顧問でありながら、医師の立場から、選手にボクシングをやめなさい、あまり熱心に練習や試合をやらないことだ、と警告を発している。プロが防衛戦などでかなりの間隔をあけるのは、傷ついた脳を治すためだが、それでも完全には回復しない。〉

※モハメド・アリ（カシアス・クレイ）：１９４２年1月17日～　。アメリカ合衆国の元プロボクサー。アフリカ系アメリカ人。デビュー当初はカシアス・クレイ、１９６４年にネーション・オブ・イスラム

への参加を機にモハメド・アリに改名。1960年のローマオリンピック・ライトヘビー級金メダリスト。プロに転向するや無敗で世界ヘビー級王座を獲得。通算19度の防衛を果たした。人種差別と戦い、ベトナム戦争の徴兵拒否。引退後にパーキンソン病に罹り、難病とたたかっている。

ボクシングの顧問でありながら、「ボクシングは危険だ、危ないスポーツだ!」と不穏当で奇妙なことを言う。それが妙に私の記憶に刻まれ、引っかかっていた。その記憶が村田の現役を一旦引退して、しばらくして復帰したことで思い出されたのであった。

何事にも〈遠回りが近道〉、〈急がば回れ〉という真理もあるのである。目標を達成した村田は、プロへの挑戦も視野に入れているという。その選択も大いにあろうが、私の個人的な思いは村田の再起を決断させた後輩たちの姿に目を注ぎ、彼のような自律したボクサーを育てるために引き続き後身の指導に力を入れてほしい、ということにある。

■ドライブは海外の旅につきもの

そろそろオリンピックの〈振り返り〉が始まり、その整理に追われる仲間を尻目に、「今日はドライブに行ってくるよ」と、私は朝9時に宿舎を出た。

友人の妹Gさんが、「土曜日は仕事も休みなので、ドライブに行きませんか」と誘ってくれた。ゴミゴミしたロンドンから抜け出して、郊外の古城を案内するという。
お兄さんの一声でここまでもてなしてくれる妹さんの気持ちが有難かった。兄妹のきずなだな～。

振り返ってみると、私のこれまでの外国の旅では「ドライブ」が付き物であった。自分がドライバーでないために、知人たちが気を使ってくれるのかもしれない。

〔1975年のパリで〕 最初の洋行となったパリで、フランス労働者体操・スポーツ連盟（FSGT）主催のスポーツ・シンポジウムを終えたあと、パリ大学に留学していた学生が、ヴェルサイユ宮殿から郊外のサンドニの町を車で案内してくれた。サンドニでは地域のコミュニティ・センターを訪ね、スポーツクラブの様子を視察できた。

〔同じくローマで〕 この時、ローマに向かい、イタリア人民スポーツ連合（UISP）とスポーツ交流で会談。日曜日にUISPがマイクロバスで古代コロシアム遺跡、アッピア街道、ローマ時代からの避暑地ティヴォリを案内してくれた。バスにはポーランドの友人たちも乗り合わせていた。

〔1984年のローザンヌで〕 オリンピアで研修を終了してローザンヌに向かった。研修で知り合ったIOC本部の職員が車を出して、レマン湖のほとりの古城、花で包まれた村、氷河が屏風のようにそそり立つアルプスの避暑地を、丸一日かけて巡ってくれた。彼の家系は貴族

の血をひき、いまは葡萄酒の製造に勤しんでいた。気前よくワイナリーからボトルを出してきて「おみやげに」ともらった。

〔2004年のレスヴォス島で〕 アテネ・オリンピックでお世話になったギリシャ人一家の住むレスヴォス島に向かい、ご主人が運転する車で家族と島めぐりを楽しんだ。そこには古代のステージ遺跡があり、バイキング時代の砦があり、温泉が湧き、伝統工芸の窯元があった。この島は女性同士の愛を描いた古代の女流作家サッホーで有名で、〈レスビアン〉の由来の地と言われている。

〔同じくクレタ島で〕 アテネ大会の合間をぬって地中海のクレタ島に遊んだ。若い時分にヒッチハイクをしたご主人がレンタカーで、イラクリオンの町、「迷宮」と呼ばれるクノッソス宮殿跡、南のリゾート地マタラ海岸、〝魔神の山〟イダを越え、東は〈地中海の憩いの地〉といわれるアギオス・ニコラオスまで足を伸ばした。

〔2008年の北京で〕 北京オリンピックの折、話のタネにと思い、タクシーをチャーターして万里の長城まで出かけた。だが、最大の観光名所の八達嶺長城はオリンピックで監視が手薄になったのを理由に閉鎖。諦めかけていたら近くに古い長城がオープンしているとの情報を得て、急いで登ってきた。帰りに「王家の谷」明十三陵にも寄ったがここも閉鎖されていた。タクシーの運転手は女性で、我慢強く私の要望に応えてくれた。

それらのドライブは見聞を広げ、異文明の社会に接するよき機会となった。そして、今回はロンドンでのドライブである。

ちょうど日和は暑くもなく涼しすぎることもない、絶好のドライブ日和となった。ヴィクトリア駅から国鉄に乗り、テムズ川を渡り、ロンドンの郊外イーストクロイドン駅でGさんと落ち合った。

「華やかなウィンザー城もありますが、そこは土、日曜は混んでいますから。私の気に入っている美しい小城に行きましょう」。

■宗教改革にも関係した古城・ヒーバー

車はロンドンから東部方面に下った。Gさんの推測どおり、ロンドンへ上る道はそれなりに混んでいたが、逆方向はスイスイと進んだ。

しばらく行くと『ここからケント州』の標示があった。「ケント州は広いんですよ。東海岸のドーバーもそうです」（Gさん）。

ドーバーと言えば、英仏海底トンネルの起点であり、一時期は**ドーバー海峡横断**のカナル・スイマーで知られた。日本人の初成功者は、当時、早稲田大学の学生、大貫映子さんだった。たまたま大貫さんの父親との交流があった私は、彼女の冒険譚《たん》を聞く機会があった。

「チャレンジという気構えもありましたが、海原をキャンパスにして好きな絵を描く思いでのぞみ、競泳などの競争意識とは違うカナル・スイマーたちの声援を受けたのが、最後まで泳ぎきった力になりました。」（大貫さん）

道はほとんどアップ・ダウンがなく、麦色に焦げた畑がのびのびと広がり、牧草地帯が続いた。繁った雑木林のトンネルも幾度かくぐった。遠くには小高い山が連なっていた。標高は高くなかったが、「信濃路を走っている感じですね」と私は感嘆した。

一時間ほど走って、目的地のヒーバー城に着いた。どこからやって来るのだろうか、家族連れや若者たちで賑わっている。土曜日だし、バカンスの真っ最中でもあった。それに喧騒のロンドンから逃れてきた人びとも。

芝生の広場を抜けると、堀割に囲まれ、吊り橋仕掛けでつながる小さな城が見えてきた。

「可愛らしい城でしょう。若い時に来て、いっぺんに好きになったんです。王女が住んでいただけあって、外観も女性っぽいでしょう。」（Gさん）

たしかに先日見物したカーディフ城はいかにもバイキングと戦う気構えのこもった男性的な古城だったが、このヒーバー城は白雪姫でも出てきそうな可愛らしく女性っぽい城であった。

ヒーバー城――十三世紀にできたときは〈要塞化した農家〉だったという。日本史に引き寄せれば〈武器を持った荘園〉と言ったところだろうか。それを１５００年代の初めにトーマス・

ブレンが相続した。娘のアンはヘンリー八世の后《きさき》となった。

イングランドの歴史に登場したヒーバー城は、宗教改革のシンボルともなったとある。ヘンリー八世はアンへの熱烈な恋慕のため、前妻との婚姻無効宣言を拒否したカトリック教会と決裂、イギリスに宗教改革をもたらした。エリザベス一世はアンの娘。なるほど、「宗教改革」にはいろんなきっかけと入口があるものだ。

城に入り、狭く暗い石造りの螺旋階段を昇り降りしながら、王や王妃の部屋をめぐり、遺品の展示を眺め、吊り橋の仕掛けを覗いた。だが、敵軍の攻撃をしのぐにはあまりにも華奢《きゃしゃ》な城だ。多分、周辺に城を守る傭兵が居て前線での攻防がカギを握っていたのであろう。

外の明るさに比べて城の中は薄暗くひんやりとして、なんだか幽閉されているような感じだった。昔の家はどこでも暗かったが、とくに城の中は漆黒の暗闇であった。〝幽霊〟を恐れる臆病な私などはとても住めない。

小さな城の割には庭が広く、石畳の中庭、バラ園、イチイの生け垣が見られる。生け垣は、迷路やチェスの駒形のトピアリーになっている。奥にはイタリア庭園があり、その先は面積35エーカーもある湖となり、水鳥たちが遊び、ボートを浮かべている。

「この土地を維持し管理するのが大変で、いまは財産保管の会社が管理し、国も財政援助しているはずです」（Gさん）。

中庭にレストランがあって、昼食を取りながらしばらく歓談した。ここの料理は珍しく美味かった。

■トーナメントの野外劇がかかった

「午後一時から広場で野外劇が始まる」との場内アナウンスが流れた。人びとの列に入って裏の広場にむかった。子供連れが多いのはこの野外劇を見に来たのに違いない。

入口に「トーナメント会場」と書いた立て看板があった。はて……サッカーの試合でも？

広場にはロープが張られ、仮設の観覧席が作られていた。多くの観衆は周辺の芝生に思い思いの姿勢で腰を下ろした。

やがて、笛や太鼓、鉦《かね》の音に引かれて、中世の騎士や貴婦人、村人たちに扮した劇団員たちが入場してきた。なんだか村祭りが始まった楽しげな雰囲気が漂う。最後は鎧《よろい》をまとった騎士が馬にまたがり、長い槍を持って、威風堂々と練り歩いた。

野外劇の役者が揃った。子どもたちは騎士の姿に目を輝かし、フィールドの前に乗り出し、キャアキャアと歓声をあげた。

演物《だしもの》は、「騎士の決闘」。長刀を操る剣劇があり、棒術使いたちの格闘があり、長槍での標的《まと》あて競争があった。一本橋を想定して、棒術を使って行く手を争うタテは、よく呼吸が合った剣劇だった。

これらは〝森の義賊〟ロビンフッドの物語に出てくる格闘技である。私なんかも少年時代に映画『ロビンフッドの冒険』を見てよく真似事をして遊んだものだった。

圧巻は、中世の騎士たちが鉄兜や鎧《よろい》をまとって軍馬にまたがり、左右に対峙し、全速力でパドックを駆けてきて、7、8mはある長槍で互を激しく突きあい、落馬させる打突競争だった。それは「**トーナメント**」と呼ばれた。

「トーナメント」に出場する騎士は〝騎士中の騎士〟、堂々とした立ち居振る舞いと、なによりも勇気が試され、騎士(ナイト)の資格が掛かっていた。〈死〉にも直結する危ない競技である。

それだけに、トーナメントの騎士たちは花形選手であった。当時、貴婦人たちは見惚れてひいきの戦士を追っかけ、恋に落ちる女性たちもいた。いまなら、さながらサッカーのスーパー・スターとでも言えようか。

もちろん今日は演劇である。それでも演じた団員たちは馬の手綱さばきも巧みで、狭いパドックを疾走し、迫真に満ちて激突した。激突の瞬間、子どもたちは恐ろしさにギャーっと悲鳴をあげ、怯えて両手で目をふさいだ。演者がおもむろに落馬して気絶したふりをすると、子どもたちは心配そうに近づこうとした。どこの国の子どもたちも無心でその気になってくれる。

野外劇の演目に「トーナメント」を選んだのは、多分にオリンピックの開催を意識してのことだと思った。オリンピックではこの種の出し物が広場や公園などを使って随所で催されるからである。

○アテネ大会では古代オリンピア祭のスタディオンを使って、正規の砲丸投げ競技が実施され、それに、アレーを持って飛ぶ幅跳びなどの古代の競技が復元され、実演された。

○北京大会では天壇公園や北海の広場で太極拳や伝統の剣舞が披露された。観覧者はいつでも演舞の輪に入れた。

思わぬ出し物を見ることができたヒーバー城へのドライブであった。やはりロンドンを離れて足を伸ばさなければ体験できないことでもあった。

ドライブを終えて、イーストクロイドンの駅で分かれる時に、「何かほかに注文はありませんか」とGさんが聞いてきた。「そうですね〜。率直に言ってラーメンが食べたいですね」と注文した。「じゃぁ、どこか美味い店を探しておきましょう」。

■ディスコで街がガラリと変わっていた

宿舎に戻ると、朗報が待っていた。日本の女子バレーボールが銅メダルを獲得したのだった。1984年のロサンゼルス・オリンピック大会以来の二十八年ぶりのメダルである。

「今夜はお祝いを兼ねて晩さん会にしようか!」。

二人のジャーナリスト仲間の奮闘を慰労したいとも思っていた。彼らはロンドンに来て一ヶ月近くも取材に追われていた。アテネでも北京でもやった「ご苦労さん会」である。

坂の上の街に久しぶりに出かけた。陽が落ちて、街灯の明かりに照らされた通りを歩きながら、街の気配がガラリと変わっているのに気づいた。

普段は閑静な街なのに、あちこちのパブがディスコに変わり、派手に着飾った若い男女であふれ、ガンガンと鳴り響く音楽に乗って踊っていた。呼び込みの声も聞こえた。この町には〈二つの顔〉があった。

入口には黒いスーツを着た男たちが目を光らせている。「会員制」になっているのか、わざわざ〈裏の世界〉の雰囲気を出しているのか……?　パトカーも数台。縄張り争いが喧嘩にでもなるのだろうか。「ちょっとおどおどしいな……」。

よく街で食事を取っているI氏が、「土曜日の夜はだいたいこういう雰囲気になっていますね」と言った。あとで街が豹変した様子を情報通のD氏に話したら、「イギリスでは土曜日はお祭りごとやお祝いごとをやるんです。日曜日は教会に行きますからね」と返ってきた。なるほどそうなんだ。映画『炎のランナー』のシーンでも、日曜日にボール遊びをしている少年に、宣教師が「今日は『安息日』だよ」と諌《いさ》めていた場面があった。日曜日は静かにしているのだ。宗教の影響の大きさと生活習慣の違いはすぐには理解できないものがある。

カジュアルなイタリア料理の店に入った。I氏のお気に入りの店で、店長とも親しくなっている。たしかに、パスタもピザもサラダも美味かった。飲めない私もグラスワインで乾杯し、二人の奮闘を慰労した。

話はもっぱら、日本の成績をどうみるか、であった。そろそろオリンピックの総括が求められていた。

I氏の印象――サッカー、バレーボール、水泳、卓球などの活躍を見ていると、選手同士が一つのチームになって互いに励まし合っているし、監督やコーチもよく選手の意見に耳を傾けていた。この一体感が強さにもなっていると言える。それに対して、柔道などはメダル獲得にこだわるあまりに、選手もコーチもこわばっていた。そこの違いを感じた。

K氏の印象――バドミントンやフェンシング、アーチェリー、ボクシングががんばったのがすがすがしかった。自分たちで世界に挑戦して道を切り開こうという使命感みたいなものが伝わってきた。陸上競技の不振が深刻だと思ったのは、選手たちが自信を喪失していることだ。一人、ディーン・元気選手が気を吐いたが、もっと世界の水準とわたりあう大きな夢を持ってもいいんじゃないかな。

私の印象――成績はいろいろだが、あらためて日本の選手やコーチの努力と力はすごいと思ったね。じっさいは日本の競技環境は貧しくて、経済的にも支援が十分ではないなかで、いろいろと工夫し、戦術を練り上げて立ち向かっているのだから、その才覚はあっぱれだ。これに環境や体制がもっと整備されれば、日本選手の活躍は相当なところにいくと確信した。

いよいよオリンピックは明日が最終日。晩さん会も十時に打ち止めにして、明日の準備にかかることにした。

心ゆくまで歌って踊った千秋楽（八月十二日）

■パソコンで世界に発信する青年

ロンドン・オリンピックの最終日の朝が明けた。天気はまずまず、夜の閉会式典まで持ちこたえてほしい。

まず男子マラソンを見ようと、朝九時に宿舎を出た。10マイル（約16㎞）ポイントの「モニュメント」という場所で観戦することにした。大学時代の同級生T君とここで待ち合わせることにもなっていた。

女子のマラソンはオリンピックゆかりのセント・ポール大聖堂で見たが、「モニュメント」は距離の面でもポイントになる地点であり、往路3回と、それに50ｍほど移動すると復路3回、計6回も見れる、最高の場所でもあった。

「モニュメント」――一六六六年に起きた「ロンドンの大火」の悲惨をなめた市民が、その時の被害と復興を記憶にとどめるために、この地に石造りの62mの高い塔（モニュメント）を築いたことから地名にもなった。大火がきっかけになって「火災保険」の制度もできた。塔の内部にらせん階段があり、展望台にもなっている。

スタート時間までまだ2時間はあるというのに、今日も観戦者の出足は早かった。イギリス人は早起きなのだろうか？ 10マイル・ポイントを巻くように、どんどん人垣が長い列をつくってくる。モニュメントの展望台にも人影がある。

交通整理のスタッフが気を利かして、手拍子やウェーブのかけ方をリードしたり、「幸せなら手をたたこう」の歌で周囲の盛り上げに努めている。観客の列からは「U・S・A」コールが起こり、それに対抗して「ニッポン、ガンバレ！」の声も聞こえてきた。もちろん、車は遮断され、歩行者天国である。

気になるのは空模様だが、女子マラソンほどは荒れ模様にはならないだろう。むしろ、気温が上昇気味なのが心配だ。ただでさえ狭く、くねくねと曲がった難コースに加え、これに暑さが加われば選手の消耗度は激しい。

まずは腹ごしらえと、近くのパブに入ってコーヒーとサンドイッチを注文、食べながら、これから始まるマラソン・レースの予測をした。

世界は2時間3分台の猛烈なスピード時代に入っている（表31参照）。だが、日本は7分を

（表31）　男子マラソンの世界最高記録の推移　※２時間12分台突入以降

年次	記録	選手	大会
1965年	２時間12分０秒	重松森雄（福岡大）	チスウィック
1967年	２時間９分36秒	クレイトン（オーストラリア）	福岡
1969年	２時間８分33秒	クレイトン（オーストラリア）	アントワープ
1981年	２時間８分18秒	ドキャステラ（オーストラリア）	福岡
1984年	２時間８分５秒	ジョーンズ（アメリカ）	シカゴ
1985年	２時間７分12秒	ロペス（ポルトガル）	ロッテルダム
1988年	２時間６分50秒	デンシモ（エチオピア）	ロッテルダム
1998年	２時間６分５秒	ダコスタ（ブラジル）	ベルリン
1999年	２時間５分42秒	ハヌーシ（モロッコ）	シカゴ
2002年	２時間５分38秒	ハヌーシ（アメリカ）	ロンドン
2003年	２時間４分44秒	デルガト（ケニア）	ベルリン
2007年	２時間４分26秒	ゲブレシラシエ（エチオピア）	ベルリン
2008年	２時間３分59秒	ゲブレシラシエ（エチオピア）	ベルリン
2011年	２時間３分38秒	マウイ（ケニア）	ベルリン

切るか切らないかで喘いでいる。この差はどこからきているのだろうか……？　８位までに入賞できれば善戦・敢闘と言えよう。

かつてマラソンは〈耐久レース〉と言われた。４２・１９５㎞の長丁場をいかに耐えて、粘り強く走るかが勝利の方程式だった。それがエチオピアやケニアのアフリカ勢の登場でガラリと変わった。マラソンの距離など長丁場でもなく、隣り村にひとっ走りする程度の感覚に近い。

人間の限界を競うのは〈いかに耐えるか〉から〈いかに速く走るか〉に変わってきている。その感覚に日本はおいてけぼりをくらっているように思える。試練のレースになるな……。

隣にノート・パソコンを使って日本語で『ニュース』のようなものを綴っている青年がいた。「新聞記者ですか」と声をかけると、「いや違います。個人で来ました」と言う。青年はパリを拠点にして、夏期休暇を使って旅行をしているそうだ。

「旅行日記を書いて、インターネットで流しているんです。けっこう興味を持ってくれる読者がいて、開いて見てくれるんですよ。」

青年はいろんなマラソン情報を駆使して、会場の雰囲気、レースの見所をまとめていた。りっぱな情報紙だ。個人通信が世界を駆けめぐる時代——「マスメディア」だけではない情報化社会になっているのである。ニュースや出来事の見方が多元的になるのは良いことだ。

■イギリス・スポーツ事情を聴く

携帯電話が鳴った。「お〜い、いまどこだ？そっちに向かっている」。大学時代の同僚T君からだった。彼はいまイギリスのある大学の客員教授である。

T君とは大学の陸上競技部で一緒になり、自治会活動を共にし、体育学部祭などの企画に力を発揮した。独立独歩で行動性があり、彼の革新性は遅れてきた私の数歩先を進んでいた。私が発案者になった『陸上競技部誌』の創刊にも協力してくれた。

卒業後は私立大学に職を得て、『イギリスのスポーツ』の研究に専念してきた。よくイギリスの体育専科のある大学に留学し、研鑽していた。今回も、同大学のグラウンドを練習場に使用している日本の陸上競技・長距離陣の受け入れに便宜を図っていた。

彼がイギリスに来ていることを知ったのは偶然だった。グラスゴーで実施された男子サッカーの予選をテレビで見ていたら、スタウンドで観戦している男性が大映しになった。私は瞬時に「おっ、あいつ、来ているな」と分かった。学生時代の顔は忘れることがなかった。それで携帯電話で連絡を取り合い、「マラソンのモニュメントで会おう」となったのであった。

十一時にスタートしたマラソンの1周目が四十分後に10マイル地点を通過した。さらにその先の折り返し地点から返ってくるランナーの背中を見たあと、テレビ観戦のできるパブに入った。女子マラソンのときもT君はこうして2周目、3周目を待ったという。

懐かしい再会を喜びあったあとは、もっぱらスポーツ談義となった。T君は少しも学生時代と変わらず雄弁だった。

〈イギリスのスポーツ界が自立性を備えているのは、自治を持っているクラブがその基盤になっているからだ。しかも、スポーツ施設を持ち、クラブハウスがあり、それを支える会員制が確立している。日本のクラブとはそもそも発生が違う。そこから学ばなければいけない

が、なかなか社会制度の違いもあるから単純にはいかないだろう。〉

〈イギリスのスポーツ教育も歴史があるが、「生涯スポーツ」という福祉政策や社会制度にしっかりと結びつけられている点に注目する必要がある。健康と幸せな暮らしとスポーツをやることが一体になっている。パラリンピックもイギリスが発祥だが、障害者福祉の視点が重視されているから、こういうこともできるんだ。〉

〈君がマッチ・ウェンロックに行ったのは正解だよ。そこだけではなく、イギリスの各地でスポーツを通じて人と人とのつながり、地域のコミュニティを大切にしようとの大・小の運動が根を張っている。ここにも日本のように「上から」提起されたものではない強さがある。イギリスは「スポーツの競技性」をリードしたが、これからの「スポーツのコミュニティ」も、多分イギリスがリードするだろうな。〉

2周目のランナーがやって来て、話が途切れた。急いで10マイル・ポイントに戻った。トップグループと第2集団とはかなりの差ができていた。予想通り、ケニアとエチオピアの選手が先導している。

日本選手では中本健太郎選手が頑張っている。長身だが、胸を張って、強いキック力でグイグイと第2集団を引っ張っていた。「中本はハングリー精神がある。それに大学に練習に来ても、きちんと挨拶をしてくれる」と、T君はひいき目に彼を応援していた。

期待された藤原新選手にはすでに疲労が見えていた。彼は企業の所属クラブから離れて、スポンサー契約を結んで自立を目指してきた。日本三選手の中でもスピードにキレがあるが、ロンドンの難路では真価を発揮できないで苦しんでいた。

気温はかなり上昇し、湿度も高くなってきている。最後の周回は、苦しく、意志のたたかいが求められる。

■とてもマラソンでは勝てそうにないな〜

2周目と復路をやり過ごして、またパブのテレビ観戦をしながら、スポーツ談義に夢中になった。同じようにナマとテレビの両方の観戦を楽しむ客が増えていた。

雄弁なT君と話題にのぼったのは、〈マラソンの記録は2時間を切れるのか〉だった。

「我々の時代はアベベがいて、2時間12分という信じられない記録で走った。それで、はたしてマラソンは10分台に突入できるのか、で議論をしたものだ。」(私)

「12分突破がひとつの壁だと思っていたが、そうではなかった。アベベに続くスピードランナーが次々に登場してきた。〈壁は破られるためにある〉ということだ。」(T君)

「その通りだった。その二年後には10分台に突入し、クレイトン(オーストラリア)の長身選手がいとも簡単に9分台、8分台の世界最高記録を樹立した。もう、どこまで短縮され

るのか、に関心が集まった。」(私)

「いまは、ベルリン・マラソンが記録更新のレコード・メイキングのレースになっている。ワン・ウエイというので記録も出やすい。もう3分台まで来ている。たぶん、2分台突入は時間の問題じゃないかな。」(T君)

「もうそこに2時間の壁が近づいてきているわけだ。いまの1万mの記録から言うと、その可能性はあるが、2時間を切るには少し時間がかかるだろう。ただ、〈そんなの無理だ〉と決めつけないことだな。」(私)

「トレーニング方法だとか、ドリンクの開発とか、まだまだ工夫の余地がある。その夢に向かって走れるかということと、いまはアフリカ勢が強いが、南米とかアジアの高地民族などの活躍も期待したい。」(T君)

「なぜ、君はイギリスのスポーツに関心を抱いたんだ」と、あらためて聞いてみた。T君はまた能弁になって話しだした。

〈イギリスのスポーツに興味を惹かれたのは、**ノイエル・ベーカー卿**の存在だった。彼はマイル・ランナー(1600m)でオリンピックでも活躍したが、《平和の運動》の先頭にも立った。核兵器廃棄を願い、原水爆禁止の運動にも連帯した。イギリスの陸上競技界、スポーツ界全体にもその遺志を受け継ごうとのスピリットが流れており、スポーツ運動もある。そこ

に関心をすえて研究している。〉

〈今度のオリンピックで、陸上競技の5000m、1万mをイギリスのモハメド・ファラー選手が制した。彼はジンバブエの貧しい家庭の出身だが、イギリスに帰化し、僕の関係する大学で学んだ。非常に謙虚な選手で、授業にもちゃんと出席していた。一部には〝移入選手〟だという意見もあるが、彼はイギリス人として走った。〉

〈ロンドン・オリンピックには批判も強い。経済不況、就職難、貧困には手を打たないで、オリンピックに巨費を投じることへの批判だ。じゃ〜どうするのかという建設的な提案は見つかっていない。回答も単純ではない。たしかに、オリンピックと経済、オリンピックと市民生活の関連は切り捨ててはならない問題だ。問われているのは、批判からどう学ぶかだ。〉

話に夢中になっていたら、3周目がすぐそこに近づいてきていた。慌ててポイントに飛び出した。予測どおり、エチオピアとケニアのトップ争いだ。このままゴールまでもつれ込みそうな模様だ。

中本選手が上位に食い込む勢いで、しっかりと地面を蹴っていた。リズムもいい。「ガンバレー、ナカモト！」。藤原選手と山本亮選手は相当にへばっている。やはり日本選手には特別な思いがこみ上げてくる。二人に声を張り上げて声援を送る。背中を押すことができただろうか……？　気温は上昇するばかりだ。

レースを見ていて、もう日本選手はマラソンでは勝てないのではないか、と思った。あまりにもスピードが違いすぎる。それにどんな悪条件でも対応できる本当の実力がないと太刀打ちできない。日本のマラソン選手の育成には予想以上にきびしいものがある。そこをどうするか……。

復路で6回目、3人の日本人選手を見届けて、T氏と別れた。彼は「レースの終わった選手の面倒を見なければならない」と大学へと引き返して行った。

ゴール近くにいたK氏に電話を入れてマラソンの結果を聞いた。（表32参照）「中本選手が6位に食い込んだ」。立派な健闘だった。スピード化について行けない日本の水準に少し悲観的になっていたが、ちょっぴり明日への〝光明〟をもらった気持ちになった。

（表32）　ロンドン・オリンピックでのトップ選手と日本選手の成績

順位	選手名	国	記録
1	キプロチッチ・ステファン	ウガンダ	2時間8分01秒
2	キュリイ・アベレ	ケニア	2時間8分27秒
3	キプロチッチ・ウィルソン・キプサング	ケニア	2時間9分37秒
6	中本健太郎	日本	2時間11分16秒
40	山本亮	日本	2時間18分34秒
45	藤原新	日本	2時間19分11秒

■あぁ〜「入場禁止」の×（ダメ）が出た

男子マラソンの観戦を終えて、すぐに地下鉄に飛び乗ってレスリングの会場、エクセルに急いだ。電車はテムズ川の河口に向かって高架を走った。

エクセル――ロンドンの東部に位置する物流の見本市や展示場である。5つのアリーナを備えたヨーロッパでも最大規模の施設だと聞いた。東京なら幕張メッセというところか？

このエクセルがオリンピックの競技会場に開放され、レスリング、柔道、ウエイトリフティング、ボクシング、フェンシング、卓球、太極拳などが実施された。オリンピック公園に並ぶ競技が集中している室内の会場である。

一度はエクセルの競技会場に行ってみたいと思っていたのだが、なかなか観戦チケットが手に入らなかった。やっと最終日のレスリングの観戦が実現できたのだった。

エクセル会場に着いて、ちょっと意外な感じがした。入場者でごった返していると想像していそいそと来たのに、観戦者たちはまばらで閑散としているのである。むしろ、パープル・カラーのヤッケを着たボランティアの数の方が多いほどだ。みんな、閉会式の会場、オリンピック・スタジアムの方へ向かったのであろうか……？

ともかく、レスリング会場、『エクセル2』のステージへと急いだ。館内はモールになっていて、ショッピングも食事もできる。そこはけっこうな人だかりがあった。しかし、その人の流れも会場に向かうような慌ただしさがない。競技がハネた感じなのだ。

『エクセル2』の入場ゲートで観戦チケットを見せた。すると、センサーによるチケット・チェックは×（ダメ）が出たのだ。「入場禁止」である。なんだ……？と観戦チケットを確認すると、なんと入場時間は13時、午後1時となっていた。また、やってしまった。13時を3時と見誤っていたのだ。

「また……」というのは、北京オリンピックでも二回もやったからであった。

一回はアーチェリー会場で、午後の5時からの競技開始と思って早めに行ったつもりが、15時開始だった。それでも決勝ラウンドの最終試技を観戦できたから、まだ良いほうだった。

二回目は、あの「水気球」、国家水泳場に入れると楽しみにして行ったら、「入場時間切れ」でダメだという。つまり、14時入場を4時入場と勘違いしていたのであった。どうも、頭がまだアナログで止まっていて、デジタルになっていないのである。

アテネ大会では競技のロゴ・マークを見誤って失敗した。野球の日本対ギリシャ戦のチケットだと思い込んで行ったら、チケットのロゴ・マークはソフトボールであった。この時は、チケット・オフィスに駆け込んでなんとか野球のチケットを購入できた。ロゴ・マーク頼りは要注意だ！

最後のエクセル、最後のレスリング観戦。それがダメとなって、〝有終の美〟を飾れずに気落ちしていた。なんとオレはドジなんだ……。最後に来てこんなテイタラクだ。

……その時だった。またまた〝救いの女神〟が現れたのである。

会場係の責任者らしい女性スタッフがやって来て、困っている私を見て、ニコリと微笑んで「どうぞ、入っていいですよ」とゲートを開けてくれたのである。なんと、なんと！　やはりオレは持っている――。〈あきらめなければ、何かが起こる〉。責任者の目には、「わざわざ会場まで来てくれてご苦労さん」と言っている眼差しがあった。

急いでレスリング会場に入ったのだが、試合はすでに最後の最後、重量級のラスト・ラウンドをやっているところだった。ものの四十分ほどしか観戦できなかった。それでも、会場はレスリング・ファンで満杯で、声援と歓声で沸き返っていた。

もし時間どおり来ていたら、日本の選手が金メダル――フリースタイル66kgで米満達弘選手――を取った試合を見ることができたのだった。惜しい、悔しい。マラソンとレスリングの二股を掛けたのが失敗だったのかもしれない。

それが、ロンドン・オリンピックの観戦の最後であった。着地に失敗したような悔いが残った。やはり、オリンピックには人を惑わす魔物がいるのか……？

テムズ川に映える夕日を見ながら、道案内をしていたボランティアの若者たちに「お疲れさん」と声を掛けて宿舎へと戻った。

■今夜は時を忘れて歌い踊り明かそう

夜は宿舎で閉会式をテレビ観戦することにした。入場チケットが十二万円もするのでは、そうするしかなかった。

ビック・ベンの大時計でカウントダウンが開始され、八時ちょうどに閉会式が始まった。ユニオンジャックを模したカラフルな舞台。いきなりダンスパフォーマンスの激しく情熱的な踊りで幕が開いた。

やがて、各国の選手団の入場。全力を投じた選手たちの顔は晴れ晴れしく、歓喜にあふれている。日本の選手たちのくつろいだ顔も見えた。もはや、国境を超え、民族を超え、ライバルたちの垣根は消え、互の健闘を称えあい、ひとつの〈世界人〉となっている。

スタンドを埋めた万余の観衆も歓呼の声をとどろかせ、何回も何回も渦を巻くようにウェーブが駆け巡った。選手と観衆が一体となった表情はオリンピックが成功したことを証明していた。

オリンピックを主催した国際オリンピック委員会（ＩＯＣ）のジャック・ロゲ会長が閉会の挨拶をした。競技が無事に終わったことを称え、セバスチャン・コーを中心に大会運営に力を注いだ大会組織委員会とそれを支えた7万人のボランティアの労をねぎらった。

「ロンドン・オリンピックは史上最高の盛り上がりを見せた。サンキュー、スタッフ！　サ

ンキュー、ボランティア！」（ロゲ会長）

そして、舞台では最終競技となった男子マラソンの表彰式がおこなわれ、ボランティアスタッフの代表6名に花束が贈呈された。

セレモニーの最後に、オリンピックの五輪の開催旗がロンドンのボリス・ジョンソン市長から、次の２０１６年の開催都市リオデジャネイロのエドゥアルド・パエス市長に手渡された。〝サッカーの王様〟と呼ばれたブラジルのペレ氏※が登場し、リオ・オリンピックをアピールした。

※ペレ（Pelé）：本名はエドソン・アランチス・ドゥ・ナシメント（Edson Arantes do Nascimento. １９４０年10月〜。ブラジル人。サッカー・ブラジル代表のエースとして3度のワールドカップ優勝。十五歳でデビューしてから１９７７年に引退するまで、実働二十二年間で通算１３６３試合に出場し１２８１得点を記録した。その実績から、「サッカーの王様」と称賛された。

それからまた、ミュージシャンたちの大音楽祭になった。閉会式のセレモニーはできるだけ短くして、〈今夜は踊り明かそうぜッ！〉という趣向らしい。音楽監督はデヴィッド・アーノルド、ロンドン交響楽団を軸になんと50のエンターテインメントが舞台狭しと演奏した。

私はロック・ミュージックには疎いが、それでもいくつかは聞き覚えがあった。

・ザ・ビートルズの「ア・デイ・イン・ザ・ライフ」：録音音源で、ジョン・レノンの顔のパーツが舞台に出来て、パントマイム集団がパフォーマンス。

・**クイーンの「ボヘミアン・ラプソディ」**：伝説のロック・グループは健在で、波打つ照明効果でスタジアムは最高潮に湧き上がった。

・**スパイス・ガールズの「ワナビー」**：オリンピックの閉会式のために再結成した女性ロックバンド。ロンドン・タクシー「キャップ」に乗って登場。サッカーのベッカムの夫人でファッションモデルのヴィクトリアも出演して話題に。

・**ミューズの「サヴァイヴァル」**：ロンドン・オリンピックのオフィシャルテーマソング。

・**クイーンとジェシー・Jのコラボで「ウィ・ウィル・ロック・ユー」**：オリンピック競技場で盛んに流れ、選手や観衆を鼓舞した。その時、花火が夜空を焦がした。いつまでもいつまでも夜の更けるのも忘れて続いた。こんな閉会式は初めてだ。多分、あのスタジアムの輪の中に居れば、興奮して、この年寄りもなりふり構わずに踊りだしていただろうに……。

日付の変わる直前だった。聖火台付近から花火が上ると、たんぽぽの花弁を模した204の参加国・地域の炎がゆっくりと降下していき、一羽の赤いフェニックスのオブジェが舞い踊るなかで徐々に消灯していった。

——そして、ロンドン・オリンピックはロックの響きを暗闇に残して幕を閉じた。

最後のロンドン市街の散策（八月十三日）

■鉄仮面時代のロンドン塔見物

ロンドン・オリンピックの幕が下り、滞在で最後に残されたのは今日一日だけとなった。明日は早立ちをして、帰国の途につかなければならない。貴重な残り日は、ロンドン市街を散策しながらおみやげを買おうと決めていた。まず目指したのはロンドン塔だった。

途中、列車はストラトフォードのオリンピック公園を通過した。昨日までの人だかりも、弾んだ雰囲気も消えていた。祭りの終わった翌日は、やけに静かである。

地下鉄タワー・ヒルズで降りる。地上に上がると、眼下にタワー・ブリッジとロンドン塔が一望できた。

タワー・ブリッジは想像以上に大きく、ズシリと構えている。橋の真ん中に掛かったオリンピックのシンボルマーク、《**五つの輪**》はそのままの姿で人びとの目を惹いた。まだこれからパラリンピックを控えている。

テムズ川の河畔をのんびりと歩く。狭い歩道をランナーたちがジョギングを楽しんでいる。若い女性ランナーが目につく。すでに秋口の気候、河畔のそよぐ風をうけて髪をなびかせている。ロンドンは平常の顔にもどっていた。

ロンドン塔は観光客でいっぱいだった。オリンピック観戦が終わって、どっと押し寄せたのかもしれない。入場料は21ポンド、約２３００円。少し高いなと思った。世界遺産だからだろうか……？　アテネのアクロポリス神殿、北京の天安門から故宮などに比べても……。片どおりの荷物チェックを受けて中に入った。

ロンドン塔――一〇七八年に征服王ウィリアムによって要塞兼宮殿として建造された。18エーカーの広大な敷地を持つ。この古塔は王位継承争いで敗れた王妃、貴族、反逆者などが閉じ込められ、残虐な拷問や処刑が繰り返されてきたという。首なし王妃の幽霊が出るとも…。血塗られたロンドン塔。たしかに堅甲な要塞は厚みがあり、壁は高かく、尖塔は鋭く聳えている。テムズ川のさざなみが城壁を打ち、洗っている。ロンドン塔は、浅ましい人間どうしの権力争いの象徴であり、繰り返してはならない惨劇の舞台として〈世界遺産〉に指定された。

かつて、若い時分にローマを訪ねた折に、古代遺産の**円形競技場**（**コロセウム**）を見物した。

案内してくれたガイドが、「ここでローマ市民は奴隷たちの殺し合いに狂喜した。その愚かしい歴史を繰り返さない戒めとしてコロセウムは保存されている」と強調した。

中央のホワイト塔は展示場になっていて、〈鉄仮面時代〉に王や貴族が使った重々しい装具や洋刀が陳列されていた。なぜだか……、日本の鎧兜《よろいかぶと》と日本刀が展示の間にあった。和と洋の武具の比較なのか？　おそらく日本の賓客が訪英の折にでも寄贈したのであろう。

ロンドン塔は『クラウン・ジューエル』（王権を表す儀式用の宝石類）の保管場所としても観光客を惹きつける。エリザベス女王のものなどソレワソレワ宝石の贅《ぜい》を尽くした王冠がいくつも展示されていたが、私にはまったく無縁の別の世界のことだった。

黒い長型の帽子、赤いスーツ、黒いズボンをまとい、銃《つつ》を抱え持つ国王の衛兵──「ヨーマン・ウォーダーズ」と呼ばれている──が一人不動の姿勢をとり、5分ごとに周辺を人形の動作で闊歩していた。

機械仕掛けのような動作が奇異で、滑稽で、記念写真を取る人たちで列ができている。アテネのシンタグマにある無名戦士の墓碑を守る人形のような衛兵とも共通していた。彼らは兵隊なのか、それとも〝お飾り〟なのか……？

二時間ほどロンドン塔を見物した。外に出て近くのおみやげ屋に入って、記念に金色のスプーンを買った。ロンドン塔特製らしい。北京では石造りの刺し子を買ったが、そういう民芸品はロンドンには見当たらなかった。この店にはずいぶん日本人客が多かった。

■最後は関西風のうどんに舌づつみ

四時にGさんとビクトリアのミーティング・ポイントで待ち合わせした。「今日はピカデリー・サーカス界隈を歩きましょう」という。

緩やかにカーブをしているリージェント通り。デパートが立ち並び、ロンドン一の目抜き通りは人でいっぱいだ。観光用の二階立ての赤いバス〈ダブル・デッカー〉からツアー客が降りてきて、ショッピングに流れている。

○アテネでは、シンタグマ広場から小商いの店が所狭しと軒を連ねるプラカ地区や、ちょっとしゃれた商店が構えるモナスティラキの通りを散策した。その一帯は古代アテナイの遺跡群と同居していて、どことなくオリエンタルな雰囲気もあって親しみがもてた。

○北京では、最新鋭の商品の並ぶ王府井、〈言い値〉の商いで活気づく永安理、地方からの買い物ツアー客で賑わう瑠璃廠界隈を歩いた。街全体が新と旧、表と裏が並び合って開発途上の感があったが、そのギャップもまた〈中国〉のイメージとして面白かった。

○ロンドンの街並みは、銀座か新宿を歩いているようで違和感はなかったが、面白味もなかった。発達した文明化は似通って、こうも個性を欠くものかと思いながら、それでも異国への好奇心を抱いてあちこちの店を覗いた。

「小さい娘を連れて、よく来たんですよ」と、子どものおもちゃや人形だけのデパート「ハミリー（Hamly）」を覗いた。一階から四階まで世界中のいろんなおもちゃが集まっていて、どこのフロアーも子どもの嬉々とした顔に満ちていた。

「イギリスは階層社会です」と、Gさんが上流層・富裕層を相手にした商店街を案内してくれた。そこはリージェント通りの一つ奥に位置していた。「売っている物は高くて、ちょっと私たちには手がでませんね」。私には「**階層社会**」というのがよく飲み込めなかった。

店が密集する狭い路地にも入った。「昔はヒッピーで賑わっていたエリアです」。Gさんは若い時分にこの近くで働いていて、よくヒッピーを見かけたそうだ。

隣接した一帯が「ソーホー」と呼ばれる歓楽街であった。ちょうど新宿あたりの雰囲気でレストラン、パブ、ホテルが立ち並んでいた。三十軒ほどのヨーロッパ最大の中華街もあった。「以前は、このあたりはセックス産業が並んでいて、若い女性の一人歩きは怖かったですよ」。

Gさんは「ラーメンが食べたい」と言った先日の私の注文を覚えていて、この近くのオックスフォード大学に通っていた娘さんに相談したらしい。娘さんは「ラーメンよりも美味しいうどん屋がある」と教えてくれたという。娘さんは大の日本食好みらしい。

「どうでしょう」と選択を促された。私にはロンドンに寿司屋だけでなくうどん屋があることが意外だった。「いいですよ。ロンドンでうどんを食べられるとは思いもよらないことです」と賛同して、地図を頼りに店を探した。

うどん屋『こや』は小さな看板を出してあった。中に入ると、けっこうなお客さんだった。日本人が多いのかとの予測に反して、ほとんどが地元の人だった。

「最近、日本食が人気でね。日本文化を好む人も増えているんです」。

うどんは関西風。私は欲張って素うどんと牛丼を注文した。味はまずまず、娘さんのイチオシは私を喜ばすのに十分だった。硬いパンとハムエッグの連続でうんざりしていたロンドンの食事からも解放されて大満足だった。

そして、ピカデリー・サーカス駅まで戻って、Gさんとお別れした。「兄にはお酒を飲み過ぎないように言ってください」と言付けられた。妹さんらしい心配りだった。

■三人でオリンピックの〝振り返り〟を

宿舎に戻って、最後の夜を仲間たちと歓談しながら過ごした。オリンピックの〈振り返り〉が話題になった。

ロンドン大会での日本選手団の活躍はめざましかった。メダル獲得数は38個でこれまで最多だったアテネ大会を上回った（表33参照）。国別ランキングでもドイツに続く6位をしめた。その活躍は、多くの人びとの予想を超えていた。

まずは、今度の大会での活躍のベスト選手・チームをあげ合った。

K氏——なんと言っても女子サッカーでしょう。ワールドカップ優勝に続くオリンピックでの銀は称賛ものですよ。よくプレッシャーをはねのけて頂上決戦まで行ったと思う。

I氏——バレーの女子も大健闘だった。出場枠を獲得するのに苦戦したけど、選手と監督・コーチが一丸となって挑んでいた。それに若い選手が伸びてきたのが頼もしかった。

私——好みから言って、やっぱり卓球女子団体戦での銀メダル獲得だな。とくにメダルの掛かったシンガポールとの準決勝で圧勝できたのは、大きな壁を破った感じだった。期せずして女子の活躍に話題が集中した。それほど新鮮で、インパクトがあり、希望を与えた。

さらに特筆すべきは、連日プールを沸かせてメダル・ラッシュを演じた競泳陣、団体総合では不覚の2位に甘んじたが個人総合を制した男子体操、祈願のメダル獲得を果たしたアーチェリー、バドミントン、フェンシング、ボクシングの活躍であった。

ただ、気になるのが、日本のメダル獲得数が隔回ごとに大きく上下していることである（表

（表33）日本選手団のロンドン・オリンピックでの競技別メダル獲得数

競技	金	銀	銅	計
陸上競技			男ハンマー投げ	1
水泳		女200m平、男200m背、男4×100mメドレーリレー	男400m個メドレー、女100m背、男100m背、女100m平、男200mバタ、男200m平、女200mバタ、女4×100mメドレーリレー	11
体操	男個人総合	男団体、男種目別ゆか		3
レスリング	女フリースタイル48kg級、63kg級、55kg級、男フリースタイル66kg級		男グレコローマン60kg級、男フリースタイル55kg級	6
柔道	女57kg級	男60kg級、73kg級、女78kg	男66kg級、90kg級、女63kg級	7
サッカー		女子		1
ウエイトリフティング		女48kg級		1
卓球		女子		1
フェンシング		男フルーレ団体		1
ボクシング	男ミドル75kg級		男バンタム56kg級	2
バドミントン		女ダブルス		1
アーチェリー		男個人総合	女団体	2
バレーボール			女子	1
計　13競技	7個	14個	17個	38個

34参照)。隣の韓国はそれが安定していて、最近の大会では常にベスト10に入っている。いかに確実性を高めていくか、それも課題になっていると言えよう。

話は夜が更けても弾み、ロンドン・オリンピックの印象と評価をどうみるかに及んでいった。〈ボクシングの採用で女性が全競技に肩をならべた大会として節目になった。第1回目のロンドン大会(1908年)での女子競技はテニスだけだった。陸上競技も競泳もなかった。100年のスポーツ世界の前進を象徴している。今後の女性の競技能力の向上が見ものだ。二十一世紀をリードするだろう〉(I氏)。〈ボルトの走りを見て圧倒された。同じ人間なのに異次元の存在だった。アメリカにスターが少なくなったが、これからはカリブ、ラテンアメリカ、アフリカ勢がすごい力を発揮していくだろう。アジア勢では中国が抜きん出ている。中東に平和が来れば、勝負強さがあるからサッカーやレスリングなどは面白い。スポーツ先進国の欧米・日本・オーストラリアなどがそれにどう対応していくかが問われている。〉(K氏)〈スポーツの成熟国・イギリスでの開催だったからだろうが、競技という問題があらためてクローズアップされた大会だった。競技の会場、競技のルール、競技の運営をもっと選手の立場や観客の立場から見直していく必要があろう。それに、勝利至上主義への反省はマスコットになった「ウェンロック」がそれをシンボリックに問いかけていた。つまり競

（表34）　最近オリンピックでのメダル獲得国ベスト15
（金・銀・銅の総数順位）
※同数の場合は金の数の順番／ゴシックの国名は開催国及び日本

順位	ロンドン（2012）		北京（2008）		アテネ（2004）		シドニー（2000）	
1	アメリカ	104	アメリカ	110	アメリカ	102	アメリカ	91
2	中国	88	**中国**	100	ロシア	92	ロシア	89
3	ロシア	82	ロシア	72	中国	63	中国	59
4	**イギリス**	65	イギリス	47	オーストラリア	49	**オーストラリア**	58
5	ドイツ	44	オーストラリア	46	ドイツ	49	ドイツ	56
6	**日本**	38	ドイツ	41	**日本**	37	フランス	38
7	オーストラリア	35	フランス	41	フランス	33	イタリア	34
8	フランス	34	韓国	31	イタリア	32	キューバ	29
9	韓国	28	イタリア	27	韓国	30	イギリス	28
10	イタリア	28	ウクライナ	27	イギリス	10	韓国	28
11	オランダ	20	**日本**	25	キューバ	27	ルーマニア	26
12	ウクライナ	20	キューバ	24	ウクライナ	23	オランダ	25
13	カナダ	18	スペイン	18	オランダ	22	ウクライナ	23
14	ハンガリー	17	カナダ	18	ルーマニア	19	**日本**	18
15	スペイン	17	ベラルーシ	17	スペイン	19	ハンガリー	17

争と共同（コミュニティ）との併存だ。〉（私）

ロンドン・オリンピックは会期中にテロも暴力沙汰もなかった。これをどう見るのか？

警備体制の勝利と見るのか、平和を希求する人間の連帯と見るのか……。南米と中東で軍事的で暴力的な政治体制が相次いで打倒されてきている流れを見るならば、平和の国際世論は高揚し、オリンピックの基盤は前進してきているように思える。

三人の一致した評価は、ロンドン・オリンピックの〝成功〟だった。その確信は開催国イギリスの青年たちにも届いてほしいものだ。

……そして、私は帰り支度にかかった。二人より一足先に明日、ロンドンを発つことになっていた。

四年後に、サンバのリオが待っている（八月十四日、十五日）

■「スポーツ」の意味を問いかけた大会

午前十一時、飛行機はヒースロー空港を飛び立った。

アテネ・オリンピック大会では、空港でピエロに扮したスタッフがオリンピック観戦の帰り客に別れを惜しんでいたが、ロンドンの空港ではそんな粋な演出はなかった。入国時も出国時もさっぱりしていた。

空港から、いろいろとお世話になった情報通のD氏、案内役を買ってくれた友人の妹Gさんに電話を入れてお礼を述べた。

ロンドンの空をゆっくりと上昇して旋回した飛行機は、往きとは反対に北海を超えて、ヘルシンキへと向かった。そしてヘルシンキから長い日本への旅となった。

揺れも少なく快適な空の旅にくつろぎながら、ロンドン・オリンピック行の十五日間を振り返った。これまでの二回のオリンピック行とも比べてみた。

最初のオリンピック行となったアテネ大会は、アテネを第1回大会として出発したオリンピックが二十一世紀の最初の大会で戻ってきたことに意味があった。〈原点回帰〉をして新世紀へと出発したのであった。

この時、私はアテネへの出発前に『アテネからアテネへ――オリンピックの軌跡』を著した。「オリンピック号」の波乱万丈の航海の108年の軌跡を追い、二十一世紀の海原に勇躍として新たな航海を始める「オリンピック号」の無事を祈った。

二回目の北京オリンピック行は、〈知られざる中国〉に関心を抱いた。中国は近くて遠い隣国だった。日本の侵略戦争がその距離を遠くしていた。同時に、「社会主義の実験」に挑む中国がどういうオリンピックを開催するのか興味津々だった。

彼らは国を挙げてオリンピックを準備し、新興国の勢いを見せつけた。二十一世紀の社会がこの新興勢力の台頭と前進のなかでオリンピックが牽引され、新たに活気づくことを予測させた。

北京に行って、私は今後三年に一回は中国を訪ねて、隣国の社会の発展ぶりと生活実態、多民族国家の統治の様子などをつぶさに観察したいとの思いになった。そして、その二年後だったが、広州で開催されたアジア競技大会に足を運んだのであった。

では、三回目のロンドン・オリンピックの旅で、私はなにを見て、何を感じたのだろうか。

ひとつは、前世紀をリードしたイギリス社会の停滞が見え隠れし、そのなかでオリンピック開催への希望がかけられていたことであった。その意図は概ね成功したと言えよう。

だが、オリンピックは経済や政治に取って代わることはできないのだから、〈起爆剤〉になっても、それ以上の期待を寄せるのもどうかと思う。《若い世代に夢を》のスローガンを現実のものにするには、やはり停滞する経済社会からの脱皮がなければならない。

ふたつは、それでもやはり**「スポーツの母国」**でのオリンピックであったということだ。国民のスポーツ好きは本物だった。マラソンやトライアスロンなどの観戦はピクニック気分だったし、スタジアムの中は一大ページェントになって心ゆくまで楽しんでいた光景が印象強く、うらやましくもあった。

スポーツが文化として国民に受けとめられ生活の要素として定着するには、スポーツの自立した世界を築き上げる努力が伴っていることを痛感させられた。日本ではまだまだスポーツは生活に溶け込んでいない。

三つは、《ウエンロック》をマスコットにしたように、二十一世紀の世界でオリンピックは何のために開催されるのか、を問いかけた大会だったことだ。その問題提起はアテネでもなく、北京でもなく、やはりスポーツの文化度合いの成熟していたロンドンでなければできないことだった。

これまでオリンピックは〈友好〉と〈相互理解〉の促進を根本精神として掲げてきた。これに加えて、〈コミュニティ＝共同社会〉づくりへの寄与を掲げても良いのではないだろうか。そうなればオリンピックはさらに親しみ深い文明として歓迎されることであろう。この先進的な問題提起を受けとめたい。

ロンドン・オリンピックは「スポーツ」と「オリンピック」の持つ意味をあらためて感じさせた大会であった。

■サンバの太鼓が鳴り響くリオへ

ロンドンからリオデジャネイロにオリンピックの大旗が渡った。〝サッカーの王様〟と呼ばれたペレが閉会式の舞台から「リオへどうぞ」と呼びかけた。

初めて南米の国で開催される。「オリンピックを南米で」との訴えが招致運動を成功させた。五輪の輪は開催地を大陸別でみれば、アフリカを残して四つまでつながる（表35参照）。そこまでの道は遠かったが、世界が確実に前進している証拠だ。

リオにも元気だったら行ってみたいものだ。全くの未知の国であり都市である。そこでのオリンピックはどういう姿を見せるのだろうか。

（表35）　大陸別にみるオリンピックの開催都市

※○数字は大会回数

ヨーロッパ	アジア	北米	南米	アフリカ	オセアニア
アテネ①	東京⑫（返上）	セントルイス③	リオデジャネイロ㉛		メルボルン⑯
パリ②	東京⑱	ロサンゼルス⑩			シドニー㉗
ロンドン④	ソウル㉔	メキシコシティ⑲			
ストックホルム⑤	北京㉙	モントリオール㉑			
ローマ⑥（返上）		ロサンゼルス㉓			
アントワープ⑦		アトランタ㉖			
パリ⑧					
アムステルダム⑨					
ベルリン⑪					
ロンドン⑬（中止）					
ロンドン⑭					
ヘルシンキ⑭					
ローマ⑰					
ミュンヘン⑳					
モスクワ㉒					
バルセロナ㉕					
アテネ㉘					
ロンドン㉚					

〈**サンバの国**〉だ。かつて、ペレのプレーを東京の国立競技場のフィールド内のカメラマンの席で見たことがある。そのリズミカルな動きとパワーは躍動していて、まさにサンバのノリがあった。それをじかに見たいものだ。

ブラジルは日本人の移民の多い国だ。苦労して開拓した土地で、日本人たちの汗の結晶に触れたい。北京では侵略戦争の影を背負っていたが、リオでは国づくりに励む日系人に誇りを持って接することができるかもしれない。おそらく、〈世界の中の日本〉を知るには分かりやすい見本がそこにはあるだろう。

アテネ大会の男子マラソンで、途中で暴漢に襲われながらも、みごと3位に入ったブラジルの選手がいる。彼は暴漢をなじることをしなかった。そのフェアな行為が「オリンピック特別賞」の授与になった。そういう国民性にじかに接してみたい。

ロンドンとはまた違った、なんだか太鼓のリズムに乗ってオリンピックがやって来そうな楽しい雰囲気がイメージされる。オリンピックで交流する意味が一味違って表現される大会になるようにも思える。

それでも、ブラジルを、リオを知らない。ヨシ！　今度はにわか勉強ではなく、事前にしっかりと本を読んで、勉強してから出かけよう。それに、「ポルトガル語」にも挑戦してみようか。なにせ、アマゾンのマナウスの街にはロンドン大会でカーディフ行きの列車で知り合ったブラジルの友人がいるのだから……。

ブラジルに行った足で、アテネ大会で会ったコロンビア在住の日本人の体操指導者にも会ってみたい。ひょっとしたらリオの会場で会えるかもしれないなぁ〜。

そんな思いにふけりながら、更けていくシベリアの上空を超えた。日本は深夜に入っている。そして、心地よい眠りに入った。

十五日、午前7時30分。飛行機は無事に成田国際空港に着陸した。十五日ぶりに味合う日本の朝は暑く、眩しい光りが射していた。

日本の空気は美味かった。空港でさっそく食べたラーメンの味も抜群だった。自動販売機で買った缶コーヒーも冷たく、喉の渇きを癒してくれた。――やはり、日本はいい！

終わりに――私の中のオリンピズム

■オリンピック・アカデミーに学ぶ

１９８４年の初夏、私はギリシャのオリンピアに二週間ほど滞在して、国際オリンピック・アカデミー（ＩＯＡ）のセッション＝研修会を受講した。ちょうど四十歳、大学院に学ぶ身であった。

アカデミーの研修施設は、古代オリンピックの競技遺跡、スタディオンを望むクロノスの丘を拓いてあった。そこは、オリンピック・ムーブメントの理念、歴史、教育的機能などを学び、その担い手を養成する教育機関であった。ＩＯＡは国際オリンピック委員会（ＩＯＣ）に支援されていた。

その時のセッションは、緊迫感の漂うなかで開催された。

ロサンゼルス・オリンピックを目前に控え、ソ連・東ドイツ（当時）などの東側諸国のボイコットが必至の情勢だった。これは、四年前のモスクワ・オリンピックをアメリカ・日本などの西側諸国が、ソ連のアフガニスタン侵攻への報復措置を取ったことへのしっぺ返しであった。

アテネに世界から参集した研修生は、サマランチＩＯＣ会長（当時）を迎えて開講セレモニーを催した。サマランチ会長のあいさつは、事態の緊迫を反映して、「オリンピックに紛争と対立が持ち込まれるとき、つねに犠牲になるのは競技者である」と悲痛な意味合いのこもったものであった。

セレモニーが終わりかけたころ、演壇の前が騒然となった。ギリシャの著名なスポーツマン有志が連名で「オリンピックの危機を回避するために、アテネを恒久開催都市とすべきだ」との声明を読みあげて、サマランチ会長に手渡したのである。

私はそのスポーツマン有志と前日に『スポーツと平和』事務所で会っていた。ギリシャに革新的なスポーツ運動があることを人づてに聞いていたので、ぜひ交流したいと事務所を訪ねたのであった。

二週間の研修生活の中でも、東・西の〝対抗〟意識が見え隠れした。ソ連から来た研修生たちは「西側」の仲間をできるだけ避けて、自分たちだけで固まっていた。アメリカの代表はもっぱらロサンゼルス大会の宣伝に精力的に動いていて、「東側」を無視した。

語学力に乏しい私はグループ討論に追いついていけず、苦肉の策で小レポートを書いて発表した。主題は「スポーツへの政治介入と日本の競技者」という、モスクワ・オリンピックのボイコット問題に触れたものであった。それが思わぬ話題となり、グループ討論ではイギリスやカナダの青年が「政治はスポーツに介入すべきではない」と賛意を寄せ、全体会で私のレポートの要旨が紹介されるという一幕もあった。

そもそも私が〈四十の手習い〉を決意して大学院の門を潜り、日本オリンピック・アカデミー（JOA）の会員となってこのセッションに参加した一番の動機も、モスクワ・オリンピックのボイコット事件に遭遇したことにあった。

1980年5月25日——いまも私の中に**〈スポーツの一番長い日〉**として深く刻み込まれて、記憶に鮮明に残っている。この日、日本オリンピック委員会（JOC）は臨時総会を開催し、モスクワ・オリンピックへの「不参加」を決めたのであった。その総会の会場に私は一人のジャーナリストとして入り、顛末をドキドキしながら追ったのであった。

会議場の正面には文部省（当時）の高官が座し、睨《にら》みを利かせ、時には、「『西側一員』の国策に沿わないのであれば、スポーツ予算を確保できる保証はない」と露骨に脅しつけた。それでもJOC委員の政府の介入によるボイコット強要には抵抗は強く、協議は最後までまとまりがつかなかった。

結局は柴田勝治JOC会長（当時）の「不参加」提案の採択となり、JOC委員の3分の1が敢然と「反対」を表明するという結末で、断腸の思いがみなぎる中で「不参加」を決定した。三時間あまりの総会であったが、私にはもっと長い時間に思えた。

最後は強引な政治介入に押し切られてしまったが、私の心境は悔しさはあったが、敗北感や挫折感はなかった。むしろ〈たたかいは終から始まる〉という決意のみなぎってくるのをおぼえた。この事件に遭遇したことで、「政治介入に負けないスポーツ思想を確立しよう」との思いをいちだんと強く抱いたのであった。

そして、もう一度勉強をしなおそうと日本体育大学の大学院を受験したのである。修士論文のテーマも「オリンピズムの思想とその構造」とし、オリンピックの創設者ピエール・ド・クーベルタンの思想を紐解き、『オリンピック憲章』の根本原則の変遷・充実の過程を整理した。論文の仕上げに役立てたいと思って、このオリンピアでのセッションに参加したのであった。

二週間に及んだ研修生活は実り多いものがあった。研修では「古代オリンピアを支えた〝エケケイリア〟――城内平和――とはなにか」、「クーベルタンがオリンピック創設を想起したバックボーン」、「オリンピックの極大化と未来像」、「女性のスポーツ進出と教育的機能」などの講義があった。語学力の壁もあって十分には理解できなかったが、現代文明としてのオリンピック・ムーブメントの基盤というものに多面的な視点から接近していくことの意味をつかめた。

研修の合間をぬって、毎日、古代オリンピア祭の遺跡を散策し、たたずみ、古《いにし》え人の思いに身を寄せた。1000年も続いた古代祭典の生命力の源泉が、階級分化による人間同士の対立と争いを抑止する文明的な機能を必要としていたことにあったと思った。それは現代社会でも求められ期待されているオリンピックの機能ではないだろうか。

研修生活では世界の人びととの交流がなによりであった。語学の壁を抱えながらも、韓国、インドネシア、イギリス、オーストリア、デンマーク、スイス、アメリカ、ジャマイカなどの仲間と「オリンピックへの希望」を語り、踊ったり、語ったりした。スイスの仲間は、研修が終了してローザンヌを訪ねた私をアルプスの高原に案内してくれた。

こうして、アカデミーのセッションを契機に、私の「オリンピズム」を探求し、身につけていく活動が始まった。

■オリンピック見聞の旅が始まった

その後、私は「オリンピック研究家」を自称し、主に在野でボツボツとオリンピック関連の仕事を続けてきた。この間に、『オリンピック物語』（汐文社）と『アテネからアテネへ――オリンピックの軌跡』（本の泉社）を著し、いくつかの小論文・エッセーをしたためてきた。

また、日本で起こった長野冬季オリンピック招致・開催問題、大阪、横浜、東京、広島のオリンピック招致問題などの調査活動や課題の論究なども仕事として関わってきた。長野では**《自然環境の保護とスポーツとは共生できるのか》**という根本的な問題の探求を迫られた。大阪や東京では**《オリンピックの開催都市とはなにか》**というそもそも論が正面から問われた。それらは、オリンピックの理想＝オリンピズムと現実社会との切り結んだ関係をひもとくうえで、私を刺激した。

だが、正直なところ、課題の追跡に汲々とするばかりで、深めなければならないオリンピックの問題は山積みされるばかりで、本腰を入れた〈現代のオリンピズム〉の構築には手が回らなかった。

転機になったのは、2001年9月11日に勃発したアメリカ・ニューヨークでの同時多発テロであった。タワービルの倒壊は〝生き地獄〟を見る思いで、悲劇的であった。アメリカはこれに報復し、アフガニスタンとイラクの掃討に乗り出した。その〈目には目を〉の強行姿勢にも恐怖をおぼえた。

人間の憎しみあいのルーレットが渦巻き始めた。それから五ヶ月後の2012年2月に開催されたソルトレークシティーでの冬季オリンピックでは、焼け焦げた星条旗を持ってアメリカ選手団は入場した。悲劇へのメモリーであったが、連帯ではなく対抗的な示威行動には違和感があった。

テロと報復と対抗――その光景を見ながら、私はあらためて「平和を失わないためには人間同士の精神的連帯がなければならない」と謳ったユネスコ憲章の一節を思い浮かべた。そして、オリンピックの機能が持つ〈**スポーツによる人間相互の交流**〉という力をもっと強大に発揮しなければならないのではないか、と思った。

そこから、私のオリンピック見聞という旅が始まった（表36参照）。オリンピック開催の都市をじかに訪ねて、そこに流れる空気に触れながら〈人間による人間の交流〉の意味と力を見つめ、それを《私の中のオリンピズム》に仕上げ、人びとに少しでも知らせ、語りかけようと考えたのであった。

そのスタートがタイミングよく２００４年のアテネ・オリンピックとなった。原点回帰をしたオリンピックの姿が私を惹きつけた。テロ防止のスカッドミサイルが睨みを効かしたアテネの街であったが、それは発射されなかった。発射する必要もなかったのだ。

アテネ大会のメイン・スタジアムはイリーニ・オリンピック公園にあった。「イリーニ」とは「平和」の意味だとギリシャ人の知人が教えてくれた。もとは軍事基地だったという。それがオリンピックの会場に変わったということに、戦争から平和への志向の前進を感じた。この時、地中海のクレタ島に渡ったが、一泊したホテルの名前も「イリーニ」であった。

（表36）　私の三つのオリンピック見聞の行動表　※強調文字は競技観戦

	アテネ大会（2004年） 8月18日～9月2日	北京大会（2008年） 8月4日～13日	ロンドン大会（2012年） 8月1日～15日
第1日	午前、成田国際空港出発／イスタンブールに宿泊	午後、北京空港着	夕刻、ヒースロー空港着
第2日	午前にアテネ国際空港着／アテネ市街散策	北京市街散策／天壇見物	ロンドン市街散策
第3日	アクロポリス・古代アゴラ散策／**競泳観戦**	万里の長城〈古城〉・明十三陵見物／**開会式をジャパンハウスで観戦**	カーディフへ**女子サッカー観戦**（対ブラジル）
第4日	マラトンの村訪問／**卓球観戦**	天安門・故宮を見物	ブレントフード散策
第5日	**女子バスケットボール観戦**（対ロシア）／プラカ地区散策／**女子マラソン観戦**（パナシナイコス・スタジアム）	大柵欄地区散策／オリンピック公園で**女子体操観戦**	セントポール寺院前で**女子マラソン観戦**／テムズ川遊覧
第6日	レスヴォス島見物／島商工会議所のテレビ出演	バレーボール会場見物／北京工科大学で**女子柔道を観戦**	モル通り・トラファルガー広場・大英博物館見物
第7日	レスヴォス島見物／**陸上競技観戦**	北海遊覧／オリンピック公園で**男子アーチェリー、男子ホッケーを観戦**	ハイド・パークで**トライアストン観戦**／オリンピック公園で**シンクロナイズドスイミングを観戦**
第8日	**女子アーチェリー団体戦観戦**／**女子テニス決勝観戦**	**バドミントン観戦**／**女子ウォーター・ポロを観戦**	**陸上競技観戦**／ウィンブルドンテニスコート見物
第9日	ミケーネ・バスツアー／アテネ市内散策	盧溝橋・抗日人民戦争紀念館・軍事博物館見学／市内見物	バッキンガム宮殿・グリーンパーク散策。ウェンブリー・スタジアムで**女子サッカー決勝観戦**（対アメリカ）

	アテネ大会（2004年） ８月18日～９月２日	北京大会（2008年） ８月４日～13日	ロンドン大会（2012年） ８月１日～15日
第10日	シンタグマ・プラカ散策／**陸上競技観戦**／クレタ島出発	午後、北京空港出発／夜、成田国際空港着	マッチウェンロックを訪問
第11日	クレタ島見物		ケント州の古城にドライブ
第12日	クレタ島見物／**男子マラソン観戦**／閉会式TV観戦		モニュメントで**男子マラソン観戦**／エクセルで**男子レスリングを観戦**／閉会式をテレビ観戦
第13日	国立考古学博物館見物		ロンドン塔見物／ピカデリーサーカス街散策
第14日	午前、アテネ空港出発。イスタンブール市内観光		午前にヒースロー空港出発
第15日	午後、成田国際空港着		朝、成田国際空港着

街を歩いていた時、人だかりにぶつかった。大勢の人の輪の中にいたのはイラクのサッカー選手たちだった。彼らは首都バグダッドをアメリカ軍に占拠され、スタジアムを奪われ、練習もロクにできなかったのに、オリンピックの舞台で大活躍して旋風を起こしたのだった。ギリシャはアメリカが組織した「多国籍軍」に派遣していなかった。その彼らへの称賛と激励の人の輪であった。

オリンピックの表舞台を演じるのは選手と役員だが、それを支えているのが観衆とボランティアであることを実感できた。とくにボランティアが世界から参集して献身的に活動している様子は、**〈もうひとつのオリンピック〉**とでも呼べるものがあった。

人間の精神的連帯はスカッドミサイルよりも威力がある――アテネ・オリンピック見聞の私の思いであった。

四年後の2008年に北京オリンピックを見聞した。社会主義を実験し成長著しい隣国・中国を、この目で確かめたかった。

それまで、私の中では中国はアテネ以上に遠い距離にあり重たい存在であった。かつて日本軍国主義が侵略し多くの無垢《むく》の民を殺傷する蛮行をやったことが、頭の奥深く刻み込まれていて、中国に行くにはそれなりの覚悟が必要だとの思いが、長いあいだ重石になっていて、ふらっと旅する気安さを奪っていた。

それだけに、北京でのオリンピックの開催は見聞する絶好のチャンスだった。「ともかく中国をリアルに見てこよう」との思いが気分を楽にした。

北京の十五日間は、私の目を鍛えた。地下鉄で席を譲ってくれた若者も、万里の長城へ向かったタクシーの女性運転手も、スイカを分けてくれた勤労青年も、京劇の面彫りの工匠も、天壇で「うたごえ」の輪に誘ってくれた世話人も、みな人がよく優しかった。

開会式の演出には評価が分かれたが、私は中国の芸術水準の高さに目を見張った。文明の深さと多民族の文化の豊かさに感嘆した。圧倒的な迫力を誇示した人海戦術には軍事的な脅威もおぼえたが、「平和」を構築する可能性も秘めていた。

緊張した思いで侵略戦争の発火点盧溝橋を訪ねた。城内にあった書道店の主人は「よく来た」と受け入れてくれ、日本人に対する過去へのわだかまりを保留してくれたのであった。私は〈**罪ある者の閉鎖性**〉こそが友好の障壁になってきたことを痛感した。

林立する高層ビルに新興国の勢いを感じる一方で、北京一の繁華街王府井の隣に取り残された胡同（フートン）の貧民窟があった。そのアンバランスが中国であり、国づくりの難業であるのを目の当たりに見て、「三年に一回は中国を訪ね、その日進月歩をみたい」との気になった。それほど中国が近くなっていた。

二度のオリンピック見聞を通じて、〈私の中のオリンピズム〉は実感を伴って収斂されていき、それは「人びとの交流による精神的連帯の体系」と定義づけることができると思い、確信できた。三度目のロンドン・オリンピック見聞はそれをさらに確証させた。そのことを、今回の『オリンピックの旅に、きみも行ってみないか』で伝えたかった。

■巨大な可能性を秘めているオリンピズム

オリンピズム――スポーツを通して人びとの交流による精神的連帯の体系。このイズムは、どのような力を持って人類の進歩と世界平和の推進に貢献でき可能性を秘めているのか。

このイズムを体現し推進する主人公は、もちろん〈**競技者**〉である。世界からオリンピック・

パークに参集した競技者が、互いに全力を出し合って人間が持つ資質の高みを競いあう。かつては欧米の〝白系民族〟の〈優位性〉なるものが誇示されたが、いまでは、アフリカ、アジア、ラテンアメリカの活躍で、それは根拠のない神話となった。

二十一世紀の世界では、競技が刻む人間的な高みは、ますます〈人類的な水準〉として共有され、相乗効果によって我われの予想を超えた能力の開花があるに違いない。女性がマラソンを走り、ハンマーを投げ、レスリングをするなど信じられなかったように。障害者が競技の世界に飛び込んでくるなど半世紀前には考えられなかったように。

この障壁のない競技世界の拡大こそ、人間の誇りを、民族の相互理解を、人類の進歩を自覚させ刺激するに違いない。オリンピックは競技者にその機会を保障し、それを推進する装置として機能されなければならない。

つぎに、世界からやって来る**〈観衆（サポーター）とボランティア〉**も、オリンピズムの担い手である。それまでは補助的存在であったが、二十一世紀を迎えて彼らの登場は確実にオリンピック・ムーブメントの構成員となってきていることを、私は三度のオリンピック見聞で実感したのであった。つまり、「参加」（ｔａｋｅ・ｐａｒｔ）しているのである。

観衆とボランティアが秘めている力は、これからのオリンピック・ムーブメントのなかでますます発揮されるであろう。その力は競技場のあり方に、競技・プレーの精神に、交流することの意味に反映され、オリンピックをより《人類的文明》に仕立て上げていくことだろう。

遠い古代から競技がおこなわれるところには、必ず観客が居て、スタンドがあった。まさに競技者と観衆は一体となって競技をつくりあげてきたのである。我われはサッカーやハンドボールの試合で、民族的な対立や暴力的な騒動のためにいく度か「観客のいない試合」がやられたことを知っている。それは〈スポーツ〉とは言えない。

国を超えて、民族を超えて参集する観衆とボランティアがオリンピック・パークの中で手を継なぐことは、それは平和な共存を願う〈人間の環〉の示威行動と言える。それがあれば迎撃ミサイルやむき出しの自動装銃などは不必要になる。二十一世紀のオリンピックはこの〈人間の環〉を幾層にも厚くしていくことだ。トライアスロンやマラソンに見たように。

さらに、オリンピズムを啓発し定着させる責任を負っているのは、オリンピックを主宰するＩＯＣとその委員、ＪＯＣなどの国内オリンピック委員会、国際競技団体（ＩＦ）、開催都市など、いわゆる《**オリンピック・ファミリー**》である。

ＩＯＣとその委員はオリンピック・ムーブメントのリーダーであり、オリンピックの文明的な発展に責任を負っている。ＪＯＣなど国内オリンピック委員会はスポーツの文化的な発展を推進し、国際競技団体はフェアプレーの精神の定着に腐心しなければならない。開催都市はオリンピックの根本原則の体現化が求められる。

これらのオリンピック・ファミリーが一堂に会するのがオリンピック大会であり、「**オリンピック・コングレス**」である。「コングレス」は「オリンピックの議会」と呼ばれ、オリンピック・ムーブメントの発展のための意見交流をする舞台である。この機能が停滞しているのが残念でならない。

オリンピックが抱えている問題は、大会規模と経費の極大化、地球環境問題、貧困と飢餓、戦争・テロ、人権と差別などの人類的な課題にどうオリンピック・ムーブメントは向き合って対応するのか、共同し連帯するのか、解明を要する問題が山積みされている。これらにオリンピック・ファミリーが乗り出し、知恵を尽くすことで、オリンピックとその運動はいちだんと《人類的文明》として認知され、その機能を能動的に発揮することになろう。

オリンピズムによる人間相互の精神的連帯への貢献の可能性は巨大なものがある。それをいかに発揮するか、オリンピック・ムーブメントの二十一世紀の世界にふさわしい構築が期待されているのである。

次の四年後のオリンピックはリオデジャネイロで開催される。初の南米開催になる。それはきっと、オリンピック・ムーブメントに新しいメッセージと方向性を投げかけるであろう。いまから楽しみだ。私の〈オリンピズム〉探求の旅も続けていきたい。

最後に。アテネ、北京、そして今回のロンドンと三回、八年にわたるオリンピック観戦行では、さまざまな人に支えられ、お世話になった。

まずは、「フーテンの寅」のごとく旅立つ私に、妹さくらのようにそっと軍資金を包んでくれた我が妻にお礼を言いたい。

現地で宿を共にし、チケットの確保に奔走してくれた親しいジャーナリストたちに感謝したい。

アテネのギリシャ人の大家夫妻、北京の中国人の大家夫人、ロンドンの友人の妹Gさんに、右も左も分からない私の面倒をみていただい親切を忘れることはできない。

なにかと私の〈オリンピズム探求〉を見守ってくれている友人に励まされたことを付記しておきたい。

（春立ちぬ２０１３年2月4日＝春分の日に脱稿）

●著者紹介
廣畑 成志（ひろはた せいじ）

1944年生れ。福岡県出身。東京教育大学体育学部卒業（体育社会学専攻）。日本体育大学大学院修了（体育学・オリンピック研究）。日本オリンピックアカデミー（ＪＯＡ）会員としてオリンピア（ギリシャ）で研修。アテネ（2004年）、北京（2008年）、ロンドン（2012年）のオリンピックを視察・観戦。

著書に『スポーツってなんだ』（青木書店）、『オリンピック物語』（汐文社）、『スポーツをつかめ』（労働旬報社）、『スポーツってなに』（岩崎書店）、『終戦のラストゲーム』（本の泉社）、『アテネからアテネへ　オリンピックの軌跡』（本の泉社）。

オリンピックの旅に、
きみも行ってみないか

2013年６月20日　初版第１刷
著者　廣畑　成志
発行者　比留川　洋
発行所　株式会社　本の泉社
〒113-0033 東京都文京区本郷2-25-6
電話 03-5800-8494　FAX 03-5800-5353
http://www.honnoizumi.co.jp/
印刷／製本　㈱美巧社

©2013, Seiji HIROHATA Printed in Japan
ISBN978-4-7807-0967-4　C0036
※落丁本・乱丁本は小社でお取り替えいたします。
※定価はカバーに表示してあります。